70
66

この一書を、故西王　燦氏に捧げます

田村 - 坂田間　旧デッドセクション付近

近江塩津駅手前　近づいて来る湖西線

新疋田駅

金沢から来た「サンダーバード１２号」と新幹線駅（敦賀駅）

今庄駅から敦賀方面を見る。左は給水塔と給炭台

今庄まちなみ情報館ジオラマ

今庄まちなみ情報館パネル
今庄 - 敦賀間は北陸本線最大の難所

今庄まちなみ情報館パネル
「街道」の時代から「鉄道」の時代へ

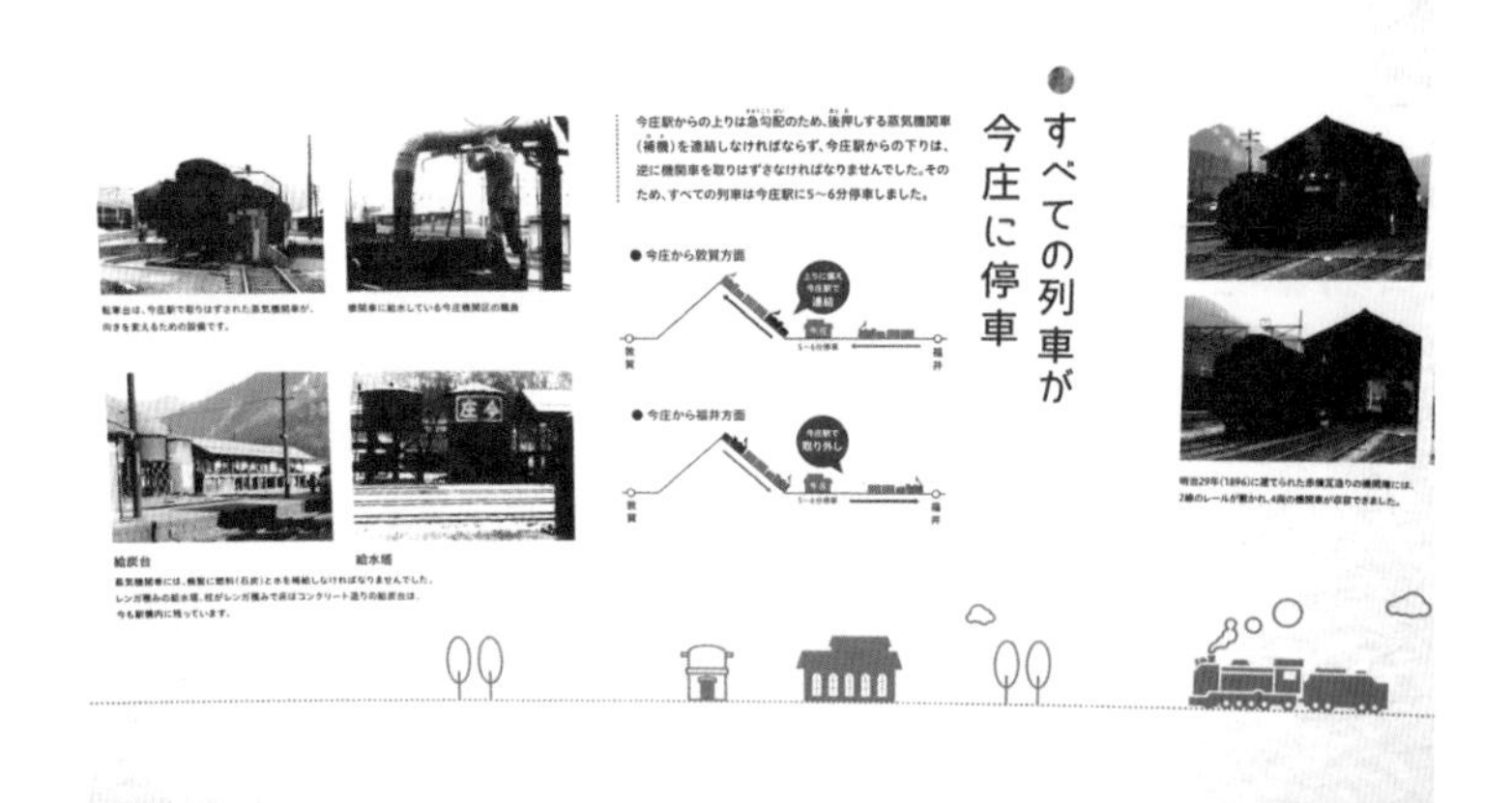

今庄まちなみ情報館パネル
すべての列車が今庄に停車

旧線・杉津付近＜写真：小川峯生＞

杉津駅信号表示盤＜写真：小川峯生＞

ＤＤ５０重連＋Ｄ５１の貨物列車　杉津駅＜写真：小川峯生＞

Ｅ１０形蒸気機関車　米原駅＜写真：野口昭雄＞

ＤＦ５０＋蒸機　今庄駅＜写真：野口昭雄＞

今庄駅に残る給水塔と給炭台　２０２３．１１．２６

さらば北陸本線 - 鉄路の韻き　目次

目次

序

私が以前、鉄道本の編輯の仕事に就いていたとき、知合いのアマチュア鉄道写真家から一冊の本を借りました。『小説　碓氷峠』、作者の名は、小田原漂情。信越本線の難所、碓氷峠にまつわる物語でした。作者のたしかな文章力と表現力、また物語の切なさにすっかり心を奪われた私は、同書の版元に電話して、作者に執筆の依頼をしたい旨を伝え、連絡先を教えていただけないだろうかと相談しました。版元の編輯長兼社長は、作者は今、塾経営に多忙だから原稿依頼は難しいと思う、との返事でした。私は諦めきれず、断られるのを覚悟で、帰宅時間をねらい教えてもらった番号に電話をかけたのでした。ひと月ほど後、小田原氏が経営する塾のある東京メトロ南北線の東大前駅に出向きました。とりあえずは『小説　碓氷峠』の再掲載をお願いすべく、掲載誌の趣旨などを説明して理解を求めました。

するど小田原氏から、同書と同じシチュエーションで、語り手の主人公を入れ替えた新たな物語にするのはどうですか、と提案されたのでした。つまり、書下ろしです。あの切ない物語の世界がさらに膨らむわけですから、私に異論のあるわけがありません。小田原さん（急に親しげな呼称に変わります）は忙しい合間を縫って新作を書いてくれると約束してくれたのです。平成二十一年の春のことでした。小田原さんの新作「鉄の軋み」が載った『ノスタルジックトレイン』3号“碓氷峠篇”は、短命に終わった同誌のなかで最もよく読まれた号となりました。

仕事上のやりとりをするなかで、小田原さんが想像以上の鉄道マニアであることがだんだんとわかってきました。ウェブに公開する文集には、鉄道を舞台にした多彩な小説あるいは鉄道紀行文などを発表しています。また、小田原さんが鉄道旅行に出るときには、個人的に写真や乗車記まで送ってくれ、そこからは鉄道への深い愛情のようなものが感じられるのです。一般に鉄道ファンというと、一部にやや偏愛的だったり独占的だったりする人が見られ、煙たがられる一因となっていますが、小田原さんのもつ鉄道愛はそうした傾向とは明確に違っているといえます。うまく言葉には表せないのですが、鉄道という存在を大切にする気持ちが人一倍強いのが小田原さんではないかと感じます。

そんな小田原さんが、北陸本線について語るのが、本書です。みなさんご存じのとおり、北陸本線は関西地区と北陸地方を結ぶ一大幹線で、日本の近代化の発展に欠かすことのできない重要な路線でした。途中には木ノ芽峠や倶利伽羅峠、親不知海岸などの難所も多く、無煙化や電化が急がれるなど、この路線の敷設・運行に払われた人々の努力は計り知れないものがあります。豪雪地帯ゆえに冬場の鉄道運行も困難が多く、雪のために立往生した列車は数知れずでした。現在のように簡単に運行休止にしたりしなかった国鉄時代の話です。そのようにして鉄道員たちが守り通してきた北陸本線が、全通から百年を経た今になって、新たな鉄道の開通により、路線廃止こそされないまでも、北陸線として残ったのがわずか元の十三パーセントほどになってしまったのは、まことに残念な思いがします。
小田原さんが米原—直江津間の旧北陸本線全線を乗り通して感じたことは何だったのでしょうか。また、それを北陸本線の歴史と重ね、どのように語るのでしょうか。一人の鉄道ファンとして、また父の実家を石川県にもつ北陸本線の利用者として、とても興味あることとなっています。

元編輯者　畑中省吾

さらば北陸本線

さらば北陸本線

ことし、令和六（二〇二四）年三月一六日。それまでは、東京発で長野を経て金沢を終点としていた北陸新幹線が、福井県の敦賀まで延伸開業した。京阪神との乗り継ぎなどの問題はあるにせよ、福井県にとっては長く待ち望んだ東京直通が果たされたということで、開業を前にした昨年の初冬に訪れた県下の各地は、祝賀ムード一色であった。北陸新幹線と、在来線を引き継いだハピラインふくい、ＩＲいしかわ鉄道がみな元気に運行をつづけてくれることを信じ、各路線と沿線地域の清栄を願いつつ、現在は米原‐敦賀間四五・九キロとなった北陸本線の往時の姿を描き、北陸本線を愛する方たちと過ぎし日をしのぶよすがとしたい。

北陸本線は、平成二七（二〇一五）年の北陸新幹線金沢開業で米原‐金沢間一七七・六キロの路線となったが、もともとは米原から直江津まで三五三・八キロの、距離としては中規模の「本線」だった。ただし「北陸本線」と言えばその区間だけを指すが、特急「雷鳥」の半数近くは信越本線長岡方面へ直通して新潟まで行っていた。さらに往時の寝台特急「日本海」や大阪‐青森間の特急「白鳥」などは新潟以北で羽越本線、奥羽本線を経て青森までも達していたのだ（「日本海」は新津から羽越本線へ直行するが、「白鳥」は新潟へ立ち寄るため、新潟から新発田にかけては白新線を経由した。青函トンネルができると「日本海」は函館まで足を延ばし、「トワイライトエクスプレス」

も登場、こちらは長軀札幌まで行っていた）。すなわち北陸本線と名がついているのは直江津までだが、この路線は日本海縦貫線の一角をなし、京阪神地区から北陸、東北、北海道への長大な輸送路の入り口部分であって、きわめて重要な役割を果たしていたのである。

今回、先述した通り北陸本線は米原－敦賀間の短い路線となったが、直江津までの北陸本線三五三・八キロは、かつて大規模なものだけでも四か所で経路を変更している。米原からスタートして、木ノ本を過ぎてからの柳ケ瀬越え、敦賀－今庄間の山中（杉津）越え、親不知・子不知の難所を通る市振－青海間の線路付け替え、そして浦本－直江津間の頸城トンネルを含む新線建設である。

柳ケ瀬越えと山中（杉津）越えについてはあとで詳しく述べるので、後二者について、かいつまんで紹介しておきたい。

親不知・子不知については、その名の由来としてこんな話が伝えられている。日本海の海辺の道に、目もくらむような断崖絶壁がおおいかぶさっており、そこを通行しようとする旅人は、波が激しく打ち寄せて引き、また次の波が来るまでの一瞬の間をついて、一人ずつが走って通りぬけるほかはない。その時子は親の安否を知らず、片時も子のことを思わぬことのない親でさえ、その刹那には子の身の上を案じるゆとりもないのだ。

そのような崖下の隘路を、単線の北陸本線が通っていた。後年作られた（昭和六三年／一九八八年七月）北陸自動車道は、海にせり出したような高架橋でこの難所をクリアしているが、大正元（一九一二）年に開通した北陸本線は、わずかに開削したせまい海岸沿いを、いくつものトンネルをくぐりながら単線が通っていた。大正一一（一九二二）年の勝山トンネル西口の雪崩直撃事故など凄惨な事故があり、また複線化の必要を満たすため、昭和四〇（一九六五）年、四一（一九六六）年に、トンネルを含む新線建設・線増に加え電化も完成させ複線電化を果たしている。平成二二（二〇一〇）年の「さらば急行能登」の旅の時、霧および先行する特急「北陸」の何らかの故障と思われる遅延のため、「能登」で泊まで行って「きたぐに」で糸魚川へ戻る予定を断念しなければならず、この区間の往復ができなかったことが、かえすがえすも悔やまれる（「さらば急行能登」の章に詳述）。

いっぽう糸魚川‐直江津間の営業キロの八割を占める浦本‐直江津間は、全長一三、三五三メートルの頸城トンネルなど複数のトンネルを、海岸に近い旧線から数百メートル内陸部に掘り抜き、能生と名立はそれぞれ七百メートル、八百メートル山側に駅が移転。さらに筒石は頸城トンネル内に、上りホーム二百八十段、下りホーム二百九十段の階段を利用して地上へ出る特殊な構造の駅として存続した(トンネル断面が大きくならないように、上下のホームは千鳥式にずれて配置されている。当初の計画は「筒石駅廃止」だったが、粘り強い反対運動で存続したのだという)。私は一度だけ青春18きっぷを利用したことがあるが、その時はじめて長岡‐富山間の普通列車で（583系電車を改造した419系電車だった）、筒石駅停車を経験し、上越線の土合（下りホーム）と同じトンネルの中の駅があるのだと感嘆した。だいぶ経ってから経緯を知ったが、既存の清水トンネルを上り線として線増のため新清水トンネルを建設し、湯檜曽駅と土合駅（いずれも下りホーム）がそのトンネル内に誕生しのと同様、鉄道の長い歴史の中の深い利用者とのかかわり、技術の進歩といったことに、感銘を受けたものである。ともあれ昭和四四（一九六九）年九月、直江津‐浦本間に六本のトンネルをつくって複線の新線が開通、大幅な輸送力の向上を見たのである。

　さて、北陸新幹線敦賀延伸開業を数か月後にひかえた令和五（二〇二三）年一一月の終わりに、本書の取材のために日帰りで、金沢までの北陸本線を往復して来た。往復と言っても、特急「サンダーバード」の超速達を楽しむため、帰りは湖西（こせい）線回りで、京都から東海道新幹線に乗り継いだ。ちなみに本書の表紙写真は今庄（いまじょう）駅でその時撮影したが、写っているのは下りの「サンダーバード9号」で、京都を九時一一分に発車したあと一〇時三一分到着の福井までノンストップの最速達列車であった。そして私は、金沢発一四時五七分発の上り「サンダーバード30号」で、これもまた金沢を出ると福井にのみ停車して次は京都という、北陸本線との別れを味わうために願ってもない列車の旅を堪能し、京都へ出たのであった。

サンダーバード9号　今庄駅

　今庄で表紙写真を撮影したのは、深い縁（えにし）の導くところである。巻頭に献辞をささげた西王燦（にしおうさん）氏は「短歌人会」の大先輩だが、令和五（二〇二三）年の三月一八日に他界された。晩年、Ｆａｃｅｂｏｏｋで福井や隣接する奥美濃、奥飛騨のことなどを深い洞察にもとづいて知らせて下さっていたが、北陸新幹線の敦賀延伸にともなって「北陸本線が失われる」ことを示唆して下さったのも、氏なのである。令和四（二〇二二）年の夏から秋にかけてのことだったと思うが、その頃私は手のかかる出版物二点を手がけていたため、とても本書の構想にまでは至らず、その時言える範囲で、「北陸本線に乗りに行きましょうか」と申し上げた。氏のお返事は、「泣かせるな。わしには時間がない。」というものだった。それから一年を待たずして、氏は鬼籍に入られたのだが、いずれにせよその西王氏とのＦａｃｅｂｏｏｋでのやりとりが、本書の構想のきっかけだったし、私が本書巻頭で献辞をささげる所以ともなった次第である。氏は今庄（南越前町）に住んでおられた。

取材当日、新幹線「のぞみ3号」には、品川から乗車した。六時二二分発である。旅慣れた道を名古屋までひと走りし、七時五〇分に到着して下車すると、向かいの16番線に五三分発の「こだま765号」が待っていた。米原まで「通しのきっぷ」である。

私は名古屋に住んでいたことがあるので（各章で後述）、新幹線を名古屋で乗り継ぐことに関しては、ちょっとややこしい思いがある。ややこしいというのは、字義通り一直線でないということだ。まず、名古屋をただ通り過ぎるだけでなく、下車してホームを踏むことが率直にうれしい。だが、名古屋で下りるのがうれしく、なつかしいのだから、当然そのままホーム向かいの新幹線列車に乗り換えるのがもったいなく、後ろめたいような気持ちになる。さらに、名古屋に縁のない人でも列車の乗り継ぎ次第で名古屋乗り換えをするだろうけど、今回の旅程のように時刻表を見ていて名古屋乗り換えだとわかったとたんに「やった」と思うのは、やはり「もと名古屋人」だからに違いない。さらに、また名古屋メインで来たいな、などのもろもろを、17番線から16番線へのわずかな対面乗り換えの間に考えるのだから、これは相当「ややこしい」と言っていいだろう。

名古屋以西へは、転勤を終えて東京へ戻り、寝台列車が「サンライズ瀬戸・出雲」だけになってからは新幹線で名古屋を通り過ぎて行くばかりになってしまったが、五年間の名古屋時代は京阪神までなら近鉄2対東海道線（在来線。岐阜往復を除く）2対新幹線1くらいの割合だった。一九九五年に戻ったあとは、大阪まで「銀河」で一度、宇部と宮島口まで「はやぶさ」でそれぞれ一度ずつ、寝台列車を使った。その後、「はやぶさ」「富士」が併結されるという何ともさびしいエンディングの末にブルートレインが失われると、「サンライズ瀬戸・出雲」は浜松から姫路まで停まらないので使いようがなく（今は、芸備線に乗りに行くのに新見まで乗って行くといいな、などと夢想している）、機会も少ないことながら西への旅はすべて新幹線利用となってしまった。

ところでその新幹線の名古屋（岐阜羽島）－米原間に、新幹線の車窓からのみ認められる佳景がある。長良川と揖斐川を渡り、大垣市街を見やって濃尾平野を横切り終えてから、関ヶ原へ至る前、垂井（たるい）のあたりで、車窓の左手に大きな赤い鳥居が見えるのだ。垂井町宮代にある、金属の神の総本宮・南宮大社の大鳥居である。今はネットで検索すれば意外と早く見つけられるが、この鳥居をはじめて見つけた一九九二年当時は地図でさがしてもなかなか候補とおぼしき神社が見出せず、岐阜県のかなり詳しい地図で垂井町の南宮大社に目星をつけ、「ここがそうかな」と考えた程度だった。それが今回はネット検索ですぐに見つかり、その上グーグルマップで現地の画像まで見られるため、容易に確認できた。それればかりか、あの時確信までは持てなかった大きな赤い鳥居がそれであることが、九分九厘確認できたのだ。

この南宮大社の大鳥居は、名古屋に住むようになってから、つまり名古屋から新幹線に乗るようになってから、はじめて認識した。それ以前にも成人してから何度もここを通っていたが、大きな赤い鳥居をはじめて見たのは、名古屋に住むようになり、名古屋から新大阪まで乗って行く新幹線の車中だった。南宮大社に電話で確認してみると、赤い大鳥居が建てられたのは、平成四(一九九二)年だと教えていただくことができた。つまり私が平成二(一九九〇)年までに新幹線で幾度かそこを通った時、その大鳥居はまだ存在していなかった。そして名古屋から新大阪へ向かうようになって、ある時ふと、そのみごとな大鳥居に気がついたのである。

事実に即して考えれば、ちょうどその頃建立(こんりゅう)された大鳥居に、名古屋から大阪へ向かう新幹線の車窓で(たしか乗降口のドアのところに立っていたのだと思う)、はじめて気がついたということになるだろう。しかし私はここで、長距離の乗客と中・短距離の乗客の目の焦点距離に違いがあるという仮説を立てたい。すなわち東京から京都や大阪(あるいはさらにそれ以遠)をめざす旅人の、五百キロ(以上)のゆくてを目で追っている視線と、名古屋から大阪、つまり百五十キロあるかないかの比較的短い距離を移動しようとする者の視線とでは、焦点距離が異なるのかも知れないということである。南宮大社の赤い大鳥居に気づいた時に乗っていたのが「ひかり」だったか「こだま」だったか、今では判然としないが、いずれ車輌は0系だった時代であるにせよ、列車のスピードだけでなく、旅する者の先途の長さが、目にするものを異にするということが、実際にありえるのではなかろうか。というのも、東京に戻ってから、大阪や神戸をめざしてゆく下り新幹線で「あの赤い鳥居は、そろそろこのあたりだったよな」と意識の片隅で考えながら車窓を眺めていて、見つけられなかったことが、一度ならずあったのである。もちろん立っている時と座っている時の見え方の違いや、時間をおいて赤い鳥居をさがした際に、その大きさを誇大にふくらませていたかも知れないという可能性もあるだろう。しかし、近距離ゆえの道のりや位置の見積もりのしやすさのほかに、旅の先途の長さが、視野や目に入るもの、目にとまるもののあり方を変えることが、長く旅をかさねて来た私としては、あるように思えてならないのだ。

そうだとすれば、「北陸本線」と「北陸新幹線」の車窓の光景の見え方の違いには、つかず離れず寄り添って走る区間でも、高架と地平の違い以外にも、大きなものがあるかも知れないではないか。そのように思い至ってわくわくしながら、右側の座席に一時移って伊吹山の写真など撮っているうちに、「こだま765号」は定刻通り米原に到着した。

米原着は八時二一分で、乗り換える米原始発敦賀行きの普通5135M列車は八時三〇分発、521系電車の二輌編成だ。この車輌は平成一八（二〇〇六）年に登場したＪＲ西日本の新形式だが、車端部はロングシートであるものの中央部は転換クロスシートであり、普通列車用とはいえ長時間乗って旅をするにはうれしいつくりだ。しかも、福井県内を北陸本線から引き継ぐハピラインふくい、すでに金沢‐市振間を走っているIRいしかわ鉄道とあいの風とやま鉄道も、同形式車を導入しているそうだから、なおうれしいではないか。この車輌、この座席なら、敦賀から三社線を乗りとおしてえちごトキめき鉄道日本海ひすいラインへと乗り継ぎ、旧北陸本線の車窓の旅を楽しむことができるだろう（注1）。

ただし私は、せっかくの転換クロスシートに座らなかった。先頭車の運転士と反対の右側最前部に立ったまま陣取ったのだ。曇り少々雨で前面のガラスが曇っていたため、ほとんどは使いものにならなかったが、いわゆる「かぶりつき」の位置でずっと写真を撮っていたのである。米原発八時三〇分で、敦賀着が九時一七分。あわよくば『さらば北陸本線』に使える写真を撮ろうと思いながらカメラを構える、チェックポイントも多い米原‐敦賀間の四十七分間は、立っていることをつらいなどと思うひまもなく、あっという間だった。

最初のチェックポイント、というより興味津々なのは、北陸本線が東海道本線、東海道新幹線をアンダーパスして米原駅から出場して行く部分である。現在の感覚でこそ、新幹線、東海道本線が「本線」のような印象だが、関ヶ原、長浜、米原あたりの鉄道敷設の経緯は複雑で、ひらたく言えば、東海道本線が関ヶ原から最初につながったのは米原ではなく、長浜だった（長浜から関ヶ原、岐阜とつないだ線がのちに東海道線となった）。そして長浜から大津まで、鉄道開通前の旅客や荷物は琵琶湖の舟運（太湖汽船）で運ばれていたのである。いっぽう長浜から敦賀へは、鉄路が岐阜までつながる前に、柳ケ瀬経由（トンネル相当区間の徒歩連絡を含む）で北陸本線が運行を開始していた。やがて関ヶ原と長浜の途中から大津をめざす路線が建設されていき（その分岐点にも異動があったという）、長浜駅開業に遅れること七年、明治二二（一八八九）年に、東海道本線と北陸本線の分岐・合流駅として米原駅が建設されたのである。

だから東海道線と北陸線の米原駅は同時の開業なのだが、米原駅の北方（敦賀、大垣方面）へ向かっては、広大な米原駅構内から、緩い大きな左カーブを描きながら地上を北陸本線の複線が延びてゆき、米原駅10番線を出た東海道本線上り線がその上を長い高架線で通り越して行く。新幹線はさらにその奥をさっそうと走り抜けて行くし、東海道本線下り線は東のへりをやって来て、米原駅1・2・3番線へすべりこむといったかっこうで、北陸本線がその真ん中を、堂々と通り抜けて行くのである。まるで北陸本線の方が、最初から走っていたのだといわんばかりの風情と言いたい。もちろん北陸本線の両脇にも、東海道下り線のかたわらにも、たくさんの側線が敷かれている。まことに広大な交通の要衝から、北陸本線は日本海縦貫線への第一歩をふみ出して行く。

最初の停車駅が坂田である。近江鉄道やバスなどとの対抗上、ガソリン・カーを走らせるようになった際、次の田村とともに設置されたという。しかし鉄道ファンは、「坂田‐田村間」に別の郷愁をお持ちだろう。そう、平成三（一九九一）年まで、坂田‐田村間にデッドセクションが設けられていて、そこまでは直流、以遠は交流電化となっていた、鉄道のエポックとしての交直切り換え区間の存在である（注2）。平成三（一九九一）年九月にデッドセクションが長浜‐虎姫（とらひめ）間に移設され、長浜までが直流電化となって、大阪方面からの新快速が長浜まで直通するようになった。私はちょうどその頃、前年名古屋に赴任して休日などに滋賀方面へ出かけるようになっていたので、長浜まで乗り入れた新快速に目を丸くした覚えがある。

実は米原駅で、北陸本線のゼロキロポストを撮影したいと思っていた。しかしこれは事前の調査が間に合わず（「米原駅構内にある」としかわからず、当日乗り換え時間が九分しかなかったので、探索は見送った）、あきらめたので、最初のチェックポイントはこの旧デッドセクションの区間だった。そして二つ目は、長浜駅だ。

忘れかけていたのだが、この長浜に一泊したことがある。病み上がりで酒も飲まずにビジネスホテルに一泊しただけだったので、記憶に残る材料を欠いていたのだろう。だが、はじめて北陸本線の列車に乗った二十五歳の時に注目した余呉湖をたずね、翌日長浜から船で竹生島へ渡った記憶があるから（その時竹生島からは、対岸の今津へ抜けた）、長浜に泊まったのは間違いないだろう。その頃の私の旅は、カメラを持ち歩いていなかったし、記録なども残していない。短歌や紀行文を書き、それが活字になっていれば、旅の記録の代用にもなったのだが、この時はそれもなかった。わずかに切符などを保存している旅の名残りの保管箱をあさってみれば、竹生島の観光船の切符や長浜ステーションホテルの領収証ぐらい出てくるかも知れないが、この記憶に関する限り、それほどの要はないものと思われる。何しろ長浜駅は、現存する最古の鉄道駅舎が残されていたり（注3、先述したように東海道線に先立って北陸線が運行開始となっていたりと、まがうかたなき鉄道のエポックの駅だからである。私などその消えた記憶は何ほどのものでもない。また今一つ、羽柴秀吉がはじめて城持ちとなった今浜の地であることも、添えておくべきだろうか。

さらには長浜を出て少し行くと、平成三（一九九一）年から平成一八（二〇〇六）年までの交直切り換えの「二代目」デッドセクションの跡地も待っている。そのデッドセクション跡地に気を配りながら行く手を眺めていると、やはり長浜から先では北国街道のおもむきが濃くなって来るのを感じる。秀吉と柴田勝家が戦った賤ヶ岳に向かうわけだし、北の庄（現福井市）を本拠とする勝家が冬場の行動を封じられていたという故事を思うにつけても、この北国街道沿いをゆく北陸本線がどれほど過酷な条件にさらされて来たかということが、身にしみて感じられるようである。

「二代目」デッド
セクション跡　付近

「二代目」デッドセクションの跡地を過ぎると虎姫で、それから河毛（かわけ）、高月（たかつき）と、何となく覚えのある駅をかぞえて木ノ本に着く。ここから北国街道はまっすぐ北上して行くが、北陸本線は大きく左へカーブ、余呉湖のある余呉を経て近江塩津（おうみしおつ）で湖西線と合流する。私個人に関して言えば余呉湖と出会った若き日の記憶につらなるポイントだが、北陸本線全体で見る時、ここは大きな難所のひとつであり、先に述べた大規模な経路変更の行なわれた現場である。

これもかいつまんでまとめると、当初の計画では現在のルート同様に木ノ本から余呉を経て近江塩津経由で敦賀に向かう経路が考えられたが、なかなか認可が下りず、あとから柳ヶ瀬経由の線が認可されて、そちらが長浜と敦賀を結ぶ鉄道線として開通した。

しかしこの柳ヶ瀬越えは、25パーミル（千分の二十五。千メートル進む間に、二十五メートル高度が上がる。記号は「‰」）の勾配を含む一、三五二メートルの柳ケ瀬トンネルの建設に大変な手間と時間を要し、はじめは柳ケ瀬と刀根（敦賀）側の洞道西口間を徒歩連絡とした。やがて柳ケ瀬トンネルが開通して長浜‐敦賀港間が全通すると、今度は柳ケ瀬トンネルそのものが、トンネルゆえに蒸気機関車の煙が滞留することから幾多の窒息事故を起こし、最悪の事故は昭和三（一九二八）年の窒息事故で、救援に駆けつけた対向列車の乗務員を含め五人の死者を出した（死者は三人とも）。そのため機関車側に集煙装置、トンネルは刀根側にズックのカーテンをつけるなどの対策を施し、それでも窒息事故がなくなることはなかったのだという。

『機関車大将』という本がある（注4）。私の小学校低学年時代から家にあったので、兄が買ったものだろう。著者は相良俊介氏、「熱血感動ヤング」（朝日ソノラマ）という少年向けのシリーズの一冊だ。内容は、曾祖父、祖父、父の三代が機関士という鉄道一家に生まれ育った平八少年が、祖父の死をきっかけに抵抗、反発していた機関助士、機関士への道を歩むようになり、敦賀機関区、小樽機関区で活躍して（大戦中は中国大陸でも）、最後はC62・2号機の廃車解体を涙で見送るという、名機関士の一代物語である。

『機関車大将』
（朝日ソノラマ）

この『機関車大将』に、柳ケ瀬トンネルの様子が描かれている。多くの先輩たちの命を奪った魔のトンネルに挑む初陣の平八は、圧力は一杯に上げたものの煙を出しすぎ、先輩機関士に思い切り嫌味を言われる。はじめは納得がいかなかった平八だが、父に諭され、「圧力は上げるが煙は出さない」ことがどんなに大事か、機関助士の役割の大きさに目覚めるというストーリーであり、命がけで汽車を走らせた鉄道員の思いをよく教えてくれる名作である。

北陸線はまた平八の恋の舞台でもあり、柳ケ瀬トンネルの敦賀側の刀根駅近くに住む女学生が、汽車が通ると歓声を上げ、時に花束を投げてよこす。機関助士の同期の久米にも同じことをしていると知り一時は恋のライバルともなるのだが、柳ケ瀬トンネルの手前でヤスデが大発生して機関車が空転したとき、笛子というその女学生たちがあらわれてクマザサを刈り、それをすべりどめにして危地を脱したことから二人の交際がはじまるという、ロマンあふれる物語でもあった。

子どもの時にその『機関車大将』を熟読していたから、二十五歳ではじめて米原 - 敦賀間に乗った時も、柳ケ瀬トンネルの存在は気にかかっていた（この時は敦賀から小浜線、宮津線、山陰本線、播但線と回って三ノ宮に出た）。その後、前に述べた余呉湖を歩いて長浜に泊まった時、敦賀から「日本海」に乗って弘前へ行った時、小浜線で小浜へ行って泊まり、さらに丹後まで足を延ばした時、新婚旅行の帰りに東舞鶴から急行「わかさ」で敦賀へ出て来て米原経由岐阜へ行った時、名古屋を離れるにあたって高山線で富山、あと金沢、福井を歩いて「しらさぎ」で帰った時、と、つごう六回、北陸本線の米原 - 敦賀間には乗っているようだ（ほか、大阪から「白鳥」で湖西線を通って青森、函館へ行ったことがある）。『機関車大将』以来のなじみがあり、わりとよく乗っている方だから、本書をつくろうと思い立ったのであろうか。ちなみにこの米原 - 敦賀間、今年の三月一六日以降、「北陸本線」として唯一残っている区間である。

木ノ本‐鳩原信号場（上りループ線の交点そば）間は、昭和三二（一九五七）年に深坂トンネル、近江塩津駅を通る現在の線が建設され、柳ケ瀬トンネルを含む区間は「柳ケ瀬線」というローカル線となった。そして昭和三九（一九六四）年の鳩原ループの完成・複線運用開始の際、廃止されている。柳ケ瀬トンネルはその後長い間、国鉄バス専用トンネルとして使用されていたが、昭和六二（一九八七）年から県道となり、一般車両の通行もできるようになったのだという。グーグルマップのペグマン利用では、現在の柳ケ瀬トンネルを通り抜けてみたが、実地に足を運ぶのは、現在ペーパードライバーとなっている私には、いささかハードルが高すぎるようである。

木ノ本から、北国街道および在りし日の残像を目でたどる柳ケ瀬線を見送って、線路は左へ大きくカーブして行き、ほどなく余呉に着く。余呉湖までは、線路に沿った道を歩いて四、五分で湖畔に着き、その手前に羽衣伝説を伝える「羽衣の松」がある。魅力的な湖だ。だが、せっかく湖畔まで行って、「この湖なら歩いて一周できるな」と思ったのに、その場で実行せず、「いつかまた来て歩こう」と思ったことが悔やまれる。今調べてみるとやはり一周六キロほどのようで、その当時なら楽に一時間で歩けたに違いないが、今は一時間半はかかるだろうし、それだけの時間を作り出すこともおぼつかない。谷汲（たにぐみ）へ行かなかったことと同様（二二〇ページに詳述）、余呉湖の徒歩一周をしなかったことも、「名古屋でやっておけばよかった」悔いのひとつである。しかし車窓から眺めるだけでも、余呉湖はやはり美しく、なつかしい。

余呉から近江塩津への間にも、いくつかトンネルがある。そして、車輌内を左へ移動して遠方を注視していると、湖西線の高架線が近づいて来るのが目に入った。いよいよ近江塩津である。ここで乗り換えて湖西線に入って行ったことはないのだが、近江今津から山科までは乗ったことがあるし、逆に大阪から特急「白鳥」でここへやって来たこともあるので、やはりなつかしい。あの時は「白鳥」のグリーン車がA席〜C席の三人掛けで、鉄道仲間と三人の旅だったから、ところどころで一人席と二人席を交代していた。私は先ほど述べたように北陸線のこの区間になじみがあったので、近江塩津に着く頃は、右側の席にいさせてもらったように思う（ほかに羽越線の村上の先の「笹川流れ」で、左側に座らせてもらったが、それから二年も経たずに東京本社へ戻り、新潟県の営業担当として出張で年に一、二度村上へ行くこととなって、笹川流れも車でたずねた）。

それにしても、普通列車で近江塩津に停車すると、この駅の規模と存在の大きさが、実によくわかる。『国鉄全線各駅停車　北陸・山陰５１０駅』（小学館）によれば、構内の長さは三・八キロメートルを超え、トンネルが八本も、構内にあるという。

また、北陸本線長浜‐虎姫間のデッドセクションは平成一八（二〇〇六）年の敦賀直流化の際北陸トンネルの手前に「三代目」デッドセクションが設けられて役目を終えたが、その時湖西線側では近江塩津駅の手前にあったデッドセクションが、廃止されている。駅の周囲に目立った町並みなどはなく、乗降人員も多くはないようだが、この駅なくして京阪神から日本海縦貫線への大動脈は成り立たない、無言の存在感が、普通列車の停車しているしじまの中に感じられるのである。北陸新幹線の敦賀‐大阪間については、一度決まっている小浜から京都府内を南下するルートが地元の反対で揺れているというが、いっぽう整備新幹線特有の、「並行在来線」問題も、折にふれ目にするこのごろである（注5）。上越線の清水トンネル、新清水トンネルなどもJRのままではあるが（上越新幹線は整備新幹線でないため）、現在通過している列車と人員を考えると、あれだけの歴史的なインフラがなんとももったいないように感じられるが、ここ米原‐敦賀間、山科（やましな）‐近江塩津間という巨大なインフラも、ただ「並行在来線」の名のもとに第三セクター化してしまうということが、あるのだろうか。時代が変わった、（古いインフラは）役目を終えた、というだけでは、「持続可能」を謳っているこれからの時代には、それこそそぐわないように思えてならない。リニア新幹線を「技術力の維持・発展」のために作るべきだという論理が成り立つなら、過去に巨費を投じたインフラについても、「国土強靭化のために維持すべきだ」という考えもあっていいはずだ。今はまだ敦賀‐米原、敦賀‐山科で維持されている琵琶湖両岸の鉄道系を、大阪へのルートの選定（決定、実行）と合わせ、新しい大きな視座で考えていく必要があることを、近江塩津駅で停車しているわずかな時間に、強く考えさせられた。

　新疋田（しんひきだ）へ出る前に、長いトンネルをくぐる。下り線は新深坂トンネル、上り線は深坂トンネルである。いずれも五千メートルを超える長いトンネルで、このトンネルと長大なループ線（鳩原ループ）の建設によって、柳ケ瀬トンネル経由の25パーミルの急勾配から、勾配を上る上り線は10パーミルの勾配に抑えることができ（勾配を下る下り線は25パーミル）、上下複線運転と輸送力の増強が果たされた。

先述の通り、私は計六回乗った米原‐敦賀間の乗車経験のうち、下りが四回、上りが二回で、しかも当時（一九九五年と九七年）は下調べも今のようにはできなかったから、鳩原ループの存在と「今通っているはずだ」ということはわかっていても、具体的に「ここがそうだ」というポイントを押さえることができなかった。下り線では、新疋田駅の先で、ループ線から下りて来たトンネルを出て合流して来る上り線を見、またほどなく上を直交してあっという間に過ぎ去る交差部分を見送るだけで、ループ線の実感はない。それは帰りの楽しみである。

やがて、ループに向かって上っていく上り線と段違いながらも並行し、右へカーブして、敦賀へ近づいて行く。前面展望の動画でチェックしていた、敦賀駅の新幹線ホームの真下に作られている在来線特急ホーム（31番線～34番線）へつながる分岐新線をとらえると、その頃には、左から小浜線の線路が沿って来ている。二十七年ぶりの敦賀駅である。

右直進が在来線特急ホームへの新線

敦賀どまりの二輌編成の521系普通列車は、4番ホームの新疋田寄りに切り欠きとなっている5番線へ、定刻通りに到着した。向かって右側、7番線の向こう側には、新幹線駅の巨大な構造物がのしかかるように建っている。あの真下の在来線特急ホーム（31番線～34番線）に、先ほど右へ分岐していった連絡線がつながっているのだろう。

それにしても、新幹線ホームは噂通り、ずいぶん高い位置にある。あれでは乗り換えに時間もかかるだろうし、かと言って昨年開通した西九州新幹線武雄温泉駅や上越新幹線新潟駅のように「対面乗り換え」にするため在来線特急ホームをあそこまで持っていくのは、おそらく十何年かと思われる「時限的」な方策にしても、割に合わぬものがあるだろう。巷間言われている通り、京阪神方面との乗り継ぎが問題になるだろうということが、容易に見てとれる。

さて、それにしても困ったものだ。敦賀は前回乗り換えた時、駅前の食堂でへしこを食べて一杯やった。今日は「一杯やる」考えはないのだが、今庄へ向かうための福井行き普通列車の発車が九時五三分で、敦賀にいる時間は三十分ちょっとだ。汽車旅のならいとして、駅と駅前の様子は見ておくべきだし、終着駅としての新幹線開業をひかえた敦賀駅の様子となれば、なおさらである。しかし一方で、「サンダーバード」や「しらさぎ」、また小浜線の列車の写真も、撮っておきたい。

そしてそれらの列車の敦賀発の時刻は、下り「しらさぎ1号」が九時二六分、「サンダーバード7号」が九時三八分。上り「サンダーバード12号」が九時三九分で、小浜線はよくわからないが、乗って来た列車が到着した時から、1番線に停まっている。これらの時刻を子細に調べておいたわけではないが、まず到着後十分経たずに「しらさぎ1号」がやって来た。さらに駅の案内放送が、次々に上下の「サンダーバード」の発車時刻を告げている。表紙の写真は今庄で撮るつもりだが、うま

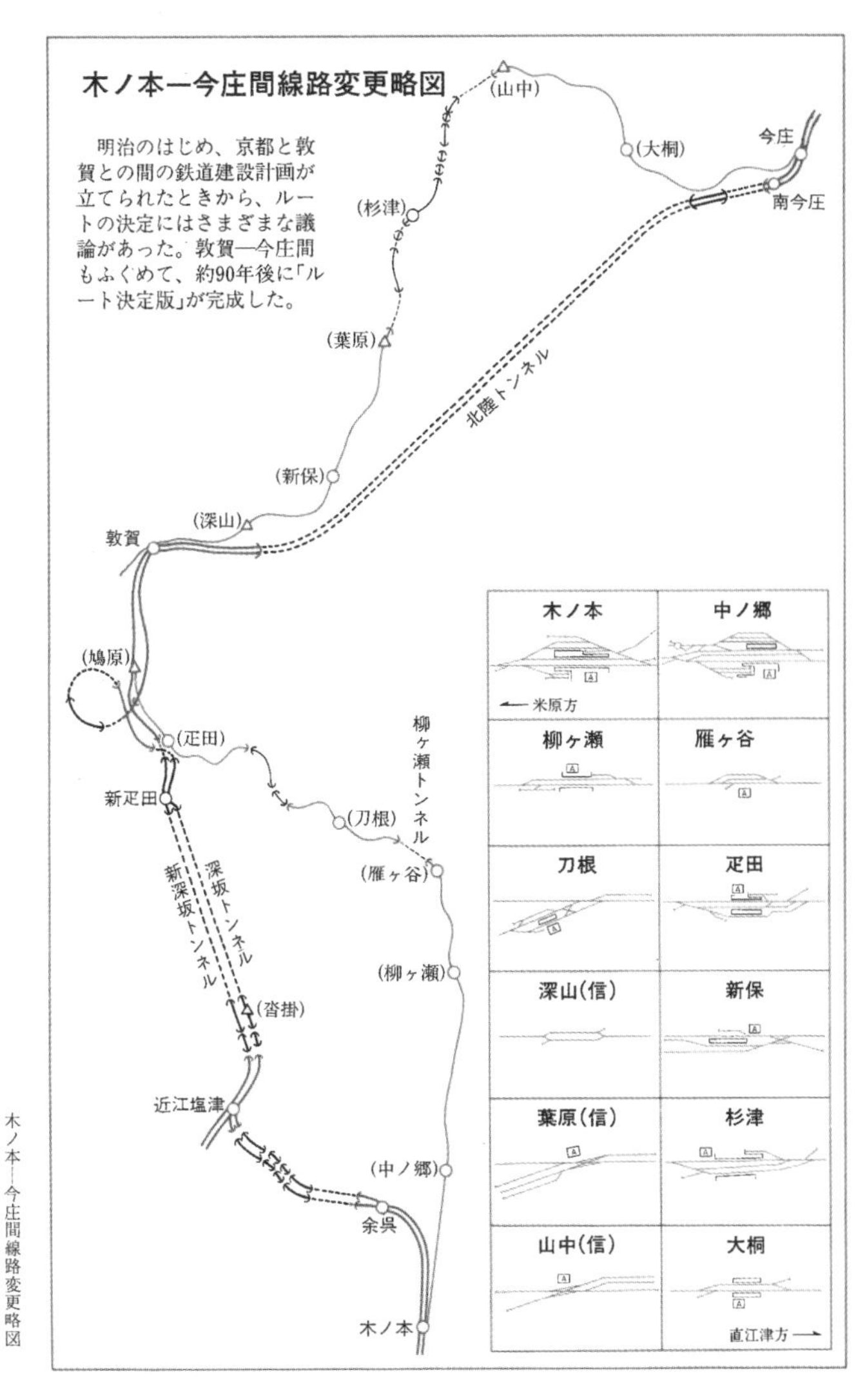

『国鉄全線各駅停車⑦北陸・山陰５１０駅』(1984年1月30日小学館発行) より

くいくかどうかわからないのだから、できるだけ681系・683系の写真は押さえておきたい。駅のトイレで小用を済ませ、改札内部から駅前の様子をそれとなくうかがって、腹を決めた。今日は駅の外の検分は割愛しよう。カメラをバッグから取り出す間も惜しいので、スマートフォンで急いで改札内部、小浜線ホームへの下り口、新幹線への今はふさがれている連絡通路の写真だけを撮り、3・4番線ホームにとって返した。

すると、大阪からの「サンダーバード7号」が到着するところであった。その写真を前後から撮り終え、見送ると、上りの「サンダーバード12号」が入って来る。これも前後から撮り終え、見送ってから、3番ホーム前方の1237Mの乗車位置へと歩をすすめた。米原から乗ってきたのと同じ521系電車の二輌編成である。この列車でも、やはり右前に陣取って、「三代目」デッドセクションや北陸トンネルの入り口などを撮って行くつもりでいた。鯖江から金沢までは「しらさぎ5号」の指定席を取ってあるが、鯖江まではなから立ち通しの覚悟である。

すでに入線しており、ドアを開けたままの1237M列車はすいている。せっかくだからと、前のドア寄りの四人掛け向かい合わせ固定の席にちょっと鞄を置き、ひと息つこうとしたが、これがいけなかった。まったくの不注意だったが、九時五〇分到着の網干(あぼし)からの新快速がやって来て、521系の二輌には十分すぎるほど多数の乗客が、どやどやと乗りこんで来たのである。

私はあわててカメラバッグの留め金もかけずに鞄二つをひっつかみ、下車駅で下り遅れた乗客の体(てい)で、出口ではなく最前列右側の窓のところへかけ戻った。敦賀までと同じ位置に鞄も置いて、落ち着いて振り返ると、新快速から乗り換えてきた人たちはみな着席しており、長い編成から見れば、新快速自体もそれほど混雑していたわけでもないらしいことがわかった（後日談だが、本稿執筆時点の四月、五月には、一階の在来線特急ホームから三階の新幹線ホームへの乗り換えを八分で迫るダイヤは喧々諤々の賛否両論を生んでおり、その乗り換えを強いられるより、新快速で敦賀まで行きハピラインふくいの快速に乗り継いだ方がいい、等のニュースを目にすることともなった）。網干から三時間半強を走り通してきた新快速電車（221系だった）に、お疲れさんと言ってやりたかった。

　さて敦賀を出ると、いよいよこの令和六（二〇二四）年における「さらば北陸本線」の区間である。この敦賀から金沢の間が、三月一六日からの改正ダイヤでの北陸新幹線の延伸開業区間であり、同時に敦賀‐大聖寺はハピラインふくいに、大聖寺‐金沢が、すでに金沢‐倶利伽羅間を運行しているＩＲいしかわ鉄道に移管される。敦賀を出ると二キロほどで長さ一三、八七〇メートルの北陸トンネルに入る。その手前に、「敦賀までの直流化」に際して移設された「三代目」のデッドセクションがある。北陸トンネルを出ると南今庄、今庄と停車するが、その今庄が、この日の最初の目的地であった。

　今庄では、南越前町の「今庄まちなみ情報館」にお邪魔して、撮影をさせていただくことになっている。そしてそのあとは鯖江まで移動して、鯖江から「しらさぎ5号」で金沢まで行く。金沢では最初の就職先でお世話になったＹさんにお目にかかることになっていて、一四時五七分発の「サンダーバード30号」で京都へ戻り、新幹線で帰京するというスケジュールだ。

要するに今庄が、途中取材でないパブリックの第一目的地ということになるのだが、そうは言いながらも今庄駅に着いたら、まず肝要な現地取材が待っている。「サンダーバード9号」の写真撮影である。これは「時刻表を読んだ」結果の、すなわち『時刻表2万キロ』の恩恵によるものだ。本書ではこのあとも折にふれ宮脇俊三氏の『時刻表2万キロ』を参考資料として引かせていただくが、宮脇氏が同書の中でたびたび「発車時刻と前の駅からの所要時間との誤差から見て、この駅には発車時刻より○分早く到着するはずだ」ということを書いておられるのを読み、「たしかに時刻表はそうやって使ってきたな」と納得するところが多かった。

そして今回、この『さらば北陸本線』作成のための取材行を立案し、実行に向かう中で、今庄まちなみ情報館の取材をメインにすることは早く決まり、許諾申請の可能性と道筋なども教えていただいたが、同じくらいに悩んだのが、表紙の写真をどこで撮るかということだった。今庄駅は、もちろん当初から有力な候補の一つだったが、問題はどのような写真とするかである。681系・683系の流線型の先頭車を表紙にするのも、北陸本線の本としては捨てがたい魅力に違いない。しかし流線型の先頭車はほとんどが金沢方で、今庄駅を福井・金沢方面に去っていく列車を撮影すると、貫通型の前面にならざるを得ないことがわかって来た。では今庄から敦賀方面、かつての山中・杉津方面をバックにすればよいのか。だが『さらば北陸本線』のタイトルにふさわしいのは、やはり今庄駅のカーブを下り方面に走り去っていく特急列車の後ろ姿だろう。これが一番の決め手ということで、場所は今庄駅、下り特急「サンダーバード」を撮ろう、ということに意を決した（口絵に載せた「サンダーバード7号」のように大阪方が流線型の編成が近い時間に来ることまでは、調べ切れなかった。）そして、改めてじっくりと、時刻表の「湖西線・北陸本線　下り」のページを「読んだ」のである。

　すると、敦賀九時五三分発福井行き1237Mの一本左に、敦賀に停車しない、すなわち「レ」ばかりが山科から越前花堂（えちぜんはなんどう）までつづいている特急列車（「サンダーバード9号」）がいることに気がついた。ぱっと見では、敦賀に停車しないから時間のくらべようがなく、見過ごしてしまいそうな列車である。

　しかしここで、この二年ほど会社で弁当を食べるときにしばしば読んでいる『時刻表2万キロ』の思考法が動き出した。「この『サンダーバード9号』は、福井着が一〇時三一分で、1237Mの福井着一〇時五〇分の十九分前だ。これはひょっとすると・・・。」そして、他の敦賀停車の「サンダーバード」の京都‐敦賀の所要時間、それから1237Mと他の普通列車の、南今庄の発車時刻と今庄の発車時刻とを、それぞれ計算した。結果はやはり、一〇時一三分に今庄を発車する1237Mの今庄到着がそれより数分早いであろうこと、「サンダーバード9号」が、その到着時刻と発車時刻との間に今庄を通過するのではないかということが、読みとれたのだ。後日、今庄まちなみ情報館にこの日の訪問時刻をお伝えするために電話して、「着いたらまず通過する『サンダーバード』の写真を撮って、それから伺います」とお伝えすると、「ああ、七分ごろ到着の電車ですね」と教えて下さったので、いよいよこの「読み」は確実なものとなったのだ。

　そのような経緯があって、今から到着する今庄駅で、下りたホームで少し前の方へ行き、あとから来る「サンダーバード9号」を撮影するという、本日のメインの予定は決まっている。幸い雨も上がり、わずかに空も明るくなって来た。あとはうまく撮れるかどうか、それだけである。カメラの連続撮影モードの練習だけはして来た。

　敦賀駅を発車すると、まず新幹線の高架線が右側から左側へと北陸本線（現ハピラインふくい）を乗り越して行く。次いで国道八号線、さらに北陸自動車道がオーバークロスする。その国道八号と北陸自動車道の間に、現役の「三代目」デッドセクションがあり、北陸自動車道を過ぎると北陸トンネルがぽっかりと口を開けて待ち受けているが、トンネル手前の左側あたりからが、北陸トンネル経由に切り替えられる前の山中（杉津）越え旧線へのアプローチ部分となるらしい。

　北陸トンネルに列車が進入する前に、短い時間だが合掌し、黙禱した。昭和四七（一九七二）年一一月の北陸トンネル火災事故のことは当時から知っていたし、鉄道をテーマに文章を書く上で、この事故を受けて分散電源方式の14系寝台客車から集中電源方式の24系寝台客車にシフトしたことなど取り上げる機会があり、「北陸トンネル火災事故を受けて」と記すことが多いからである。

事故は10系客車を主体とする急行列車「きたぐに」の食堂車オシ17から北陸トンネル内で出火、当時の規定通り緊急停止したあと、火災車両の切り離しなどをしていたが、火災の影響で架線の送電がされない状況となり、自走できなくなった「きたぐに」の乗客のうち三十人が死亡、七百十四人が重軽傷を負う大惨事となった。この事故はあとで「トンネル内で停まらずにトンネル外へ走り出てしまえばよかった」などと言われたりもしたようだが、当時の規定では火災が起きたら緊急停止と定められていた。当事者の乗務員に、規定を破りトンネル外まで走り出る判断をすることは、難しかったのではないだろうか（注6）。

列車は北陸トンネルの中を走って行く。さすがに長い。上り下りをあわせて、過去に四回通ったことがあるが、いずれも特急で、ほとんど酒を飲んでいたか、もしくは連れがいた。こんなふうに普通列車の、しかも最先頭で前面を見ながら全長約十四キロものトンネルをゆくのは初めてである。そもそもいわゆる在来線でこれ以上長いトンネルはないのだし、ほぼ拮抗する長さの新清水トンネル（上越線下り線）は、普通列車ならトンネルに入ってすぐ湯檜曽、途中の深いところで土合と、停車駅が二つある。しかも新清水トンネルは単線トンネルだ（先にできていた清水トンネルが上り線用の単線トンネル。そちらを通る上り線では、土合、湯檜曽ともトンネル外の地上の駅である）。複線のこれだけ長いトンネルというのは、通るだけでも貴重なものだと思いつつ、行く手に出口の光が見えてこないかと注意しながら、カメラの連続撮影の設定確認をしたりしていた。大事な撮影の前だけに、これはありがたかった。

やがて北陸トンネルをぬけ出ると、短いトンネルをもう一本くぐって南今庄に到着する。この駅は、北陸トンネル開通による新線付け替えで誕生した駅で、旧線の大桐駅の代替となるものだった。ここからは、新線（現ハピラインふくい）のトンネル部分で旧線は川寄りを通っていた。

そして今庄には、定刻とおぼしき一〇時六、七分ごろ到着した。かるい緊張を覚えながら、カメラ周りを中心に忘れ物がないかどうかチェックしてからホームに下りた。一番前に立っていたから、停車した1237Mより車輌一輌分くらい前に行って、カメラを取り出す。予定の行動である。走り去る下り列車の方向を写すと、このホームの駅名標の「今庄」の文字までは読めないかも知れない。しかしそれでも、わかる人にはわかる。それでいいと、ファインダーをのぞき構図を決めて、得心した。あとは「サンダーバード9号」を待つばかりである。

今庄駅での追い越し　P.13へ

はたせるかな、1237Mに遅れること四分あまり、軽快な走行音で、十二輌編成の683系「サンダーバード9号」がやって来た。今庄はもちろん通過だが、それほどスピードは出ていない。まずは二枚ほど、1237Mと顔を並べたところを撮ってから、福井方面へ向き直って、連続で「サンダーバード9号」を撮りまくった。見事な十二輌編成である。あとで数えてみると、福井方へ見送る向きになってから、二十二枚撮っていた。その中の一枚を編集して、表紙にすることができたのだ。結果が出たのは翌々日だが、最初の大きな撮影は成功と言えるものだと、まずまずの手ごたえを感じていた。

「サンダーバード9号」は無事に撮れたが、山中（杉津）越えをめざす方向の写真や給水塔も忘れてはならない。いっぽうこのあと、一〇時五五分発の1239Mで鯖江に向かうので、あまり時間のゆとりもない。手早く七、八枚の写真を撮ってから、跨線橋を渡り、改札口へ急いだ。

「今庄まちなみ情報館」は、今庄駅と一体のつくりになっている。ジオラマやパネルの展示もすぐにわかったが、何はともあれ挨拶を、と、売店をたずね二人の女性陣に声をかけた。ほがらかな明るい方たちで、一人は1237Mが一〇時七分ごろ着だと教えてくれた方だろう。「お電話した小田原です」と名乗ると、委細（いさい）承知と手際よく、案内をして下さった。

口絵で紹介しているが、全盛期の今庄駅のジオラマは、見事なものである。向かって左手に窓があり、給水塔や給炭台が見えているから、実地と照らし合わせて、ああ、あのあたりにターンテーブルがあったのかな、などと、想像をふくらませることができる。

パネルには、山中（杉津）越えの旧線が、敦賀湾、日本海に沿って今庄へ向かった経路が描かれている。敦賀から、深山（みやま）信号場、新保（しんぼ）駅、葉原（はばら）信号場、杉津駅、山中信号場、大桐（おおぎり）駅を経て今の南今庄駅付近に下りて来て、さらに今庄へと来ていたようである。

この旧線は、日本海の見事な眺めで有名だったらしい。杉津付近の海を背景にした列車の写真は、私でも目にしたことがあるし、大正天皇が杉津駅でお召列車を停めさせて眺望を楽しまれたという言い伝えもあるようだ。

また別のパネルの一枚には、「すべての列車が今庄に停車」と書かれている。パネルを読み合わせると、山中（杉津）越えは25パーミルの急勾配が上り・下りどちらの方向にも連続し、今庄から敦賀へ向かっては列車のうしろに補機を連結して押し上げる必要があり、敦賀方面から下って来た下り列車は補機を切り離す必要があって、上下どちらの列車もすべてがこの今庄駅で数分間停車した、ということがわかる。

私は体の芯の部分が熱くなるのを感じていた。取材地を今庄に決めたのは、先にも書いた通り西王氏のお導きが大きかったし、また出立前に山中（杉津）越えの旧線のことも一通り予備知識を仕入れて来たけれど、これほど明快な形では、この今庄駅の果たしていた役割を理解していなかった。柳ケ瀬トンネルのところで引用した『機関車大将』でも、平八の恋のライバルの父親はこの今庄駅の助役という設定だったから、今庄という駅の名前なら、小学校低学年のうちからなじみがあったということなのだが、峠の上り下りのためにすべての列車の補機の連結・切り離しをしていたということなら、これはあの信越本線の横川と同じではないか。信越本線碓氷峠が廃止される前、横川駅で、下り列車が四分（補機であるＥＦ63を連結）、上り列車が三分（ＥＦ63を切り離し）、停車していたのである（軽井沢では逆に下りが三分、上りが四分の停車だった）。

私を今日、この今庄へ導いたのは、「峠の鉄道」の呼び声だったのではあるまいか。そこで思い至ったが、平成一二（二〇〇〇）年に『小説　碓氷峠』を上梓した際、序文をお寄せ下さった碓氷峠鉄道文化むらの初代理事長櫻井正一氏（当時は常務理事）は、「北陸新幹線開業準備を担当し」とご自身の経歴のことを書いて下さっている。私はあさはかで、「北陸新幹線」の当初区間として長野行新幹線が開業した（そのため「横軽」が廃止された）ことは頭でわかっていながら、「北陸新幹線」の実感を持つことができずにいたのだが、今、長野開業（平成九年／一九九七年）から二十七年経って、北陸新幹線が敦賀まで延伸開業するにあたりこの今庄へ来て、峠の旧線のことを書こうとしている、これは峠の鉄道の導くところ以外の何ものでもあるまい。北陸新幹線の最初の開業の時に「碓氷峠」を書いた私が、北陸新幹線の「完成前」の最後の延伸に際し、またわずかながらそこに立ち会っている。そのことに、目に見えぬものの深い深い結びつきを感じとったのである。

今庄まちなみ情報館の取材も滞りなく済んだ。売店でお礼を言いながら、D51がデザインされた定規を買う。これは誰かにおみやげとして買うのでなく、自分が使うことになるだろう。

今庄駅で1239Mに乗ったのは、私とあと二人だった。かつて急行が停まっていたのはこの今庄だったが、ハピラインふくいで運転が予定されている快速は、二つ先の南条とで停車駅を分け合うらしい[注7]。南条という地名は三十ぐらいまで知らなかったが、北陸線から小浜線へ乗り継いだ二度目の旅で小浜に泊まった時、昼前に入った飲み屋で地元の新聞を読んでいたら、「丹南地区」と書いてあるのが気になり、店の女将さんに「丹南の丹は丹生郡とわかりますが、南はどういう意味ですか」と質問して、教えてもらったことがあるから、それからは忘れたことがないのである。

金沢までの「しらさぎ5号」の指定券は、実は武生（たけふ）から取ってある。最初の目的地が今庄、金沢へ「しらさぎ5号」で一二時四八分着とまではすぐ決まったが、金沢の前に武生で下りるか、鯖江で下りるか、それは最後まで、決める要素が見つからなかった。どちらも今まで、下車したことがない。町並みなども見てみたが、ぜひともこちらにしよう、と決めきるだけの材料は、どちらの駅前にも見出せなかったのである。

ただ、あるいは北陸新幹線で敦賀へ行く機会ができれば、少なくともえちぜん武生駅を通ることは、あるかも知れない。しかし今回行かなかったら、鯖江という土地に足跡を記すことは、ないかも知れない。だから指定は武生からとっておいて、実際にどちらで下りるかは、当日の気分で決めよう、とだけ「決めて」来たのだ。

武生という町にも駅にも、いいな、と感じるものはあった。しかしこのあと行く機会がないかも知れないという点で、今の私により希少であるのは鯖江だから、という動機をくつがえすまでのものは受けとめなかった。そこで粗い心づもりの通りに、1239Ｍは鯖江で下車することとなった。

鯖江に到着する少し手前、右側にドームがあった。サンドーム福井というらしい。調べてみると、鯖江市ではなく武生を中心とする越前市に所在するようだ。さらなる検索の結果、最寄り駅は鯖江ではなく福井鉄道福武（ふくぶ）線のサンドーム西駅であることもわかった。

ドームと言えば、平成七（一九九五）年にはじめて出雲に行った時、出雲ドームができていて大いに目を引いた。その後各地にドームが作られるようになり、ドームがあるというだけでの話題性は乏しくなったと思われるが、地域の人たちの役に立ち、活性化に寄与するのであれば、ドームは目を引きやすいから、効果も大きなものがあるのだろう。そんなことを考えた。

鯖江では、列車は中線の2番線に入ってゆく。「サンダーバード13号」を待つらしい。ハピラインふくいに移管すると、こうした優等列車通過待ちの機会はなくなるであろう。また表紙の写真を撮った今庄もそうだが、三月からは十輌以上の列車に対応している長いホームで、通過待ち列車の待避がなくなるのはもちろん、そこを通る列車が基本的に二輌編成の短いものばかりになってしまう。これは民鉄を含め全国でみられる傾向であり、むやみとさびしがるわけにもいかないのだが、やはり通過待ちがなくなることと考え合わせると（それは当然列車本数の減少も伴うのだから）、「今のこのにぎやかな特急街道が・・・」という思いが沸いて来るのを、とどめることはできない。

しばらく写真を撮ってから、遅いタイミングで改札を出た。ここまでアルコールを口にしていないから、缶ビールくらいは飲みたい。駅の待合室を見わたすと、駅売店の位置づけらしいセブンイレブンがある（注8）。東京都内を含め、全国いたるところの駅売店がコンビニ化しているから、不思議なものではないのだが、できれば駅前の酒屋で買ってみたい。それにはじめてたずねた鯖江の町の、駅の外も見ておかなければならない。

そこでまずは、セブンイレブンでビールを売っているのを確かめてから、外へ出た。駅前にはロータリーがあり、「めがねのまち鯖江」という案内と赤い眼鏡のモニュメントがある。しかしめざす酒屋、商店街らしきものは見当たらない。いや、立派な構えの酒屋は一軒あったのだが、日曜は休みのようだ。来る前に、福井鉄道福武線の西鯖江駅まで往復することができるかどうか、調べたが、駅前三十二分では無理らしいとわかった。つまりは駅からあまりはなれるわけにもいかないので、駅前から伸びる通りを二百メートルほど西へ歩き、反対側をまた駅に取って返して、鯖江の検分は終わりとする。市街地らしい市街地へは足を運べなかったが、致し方ない。若い頃は無理やりにでも一杯やれるところをさがしたが、見聞するところが多々あった半面、飲んだくれて見落とし、取り落として来たものも多いのだろう。それらを今さら取り戻すことはできないし、若い頃には見えなかったものが見えるようになった今、見るべきものを見、書くべきものを書くことの方がずっと大事だ。

だから若い頃の出張でなじみがあり、出雲へ行った時にも一泊したビジネスホテルの様子をうかがうこともせず、駅のセブンイレブンで一本だけ缶ビールを買って、駅に入る。ほどなく「しらさぎ5号」がやって来る頃だ。

681系、683系特急電車は、今回「サンダーバード」と「しらさぎ」に乗りに来るまであまりなじみがないような気がしていたが、ほとんど忘れていた北陸本線の旅の細部を思い出し、またいよいよ「しらさぎ5号」に乗ろうという頃になると、記憶がよみがえり、初期にはそれなりに乗ったことを思い出していた。683系が登場する前の681系だけの時代で、はっきり何年のことか思い出せないが、九〇年代後半、大阪から京都まで比較的新しい681系「サンダーバード」に乗ったことがあり、またほくほく線開業後数ヶ月の「はくたか」にも、越後湯沢から高岡まで乗ったことがある。この時は、伏木(ふしき)（雨晴海岸(あまはらし)）で短歌人会の夏季全国集会があり、土曜夜に一泊した日曜の夕方、高岡駅で、反対側の東京方面行き（「はくたか」越後湯沢行きが来る）ホームに大勢の委員や仲間たちが並んでいる中、翌日有休を取っていて金沢にもう一泊するので、家内と二人、悠然と金沢へ行く特急に乗り込んだのであった。その翌日の帰路、最終的には「しらさぎ」で名古屋へ出たから、この時は三日がかりで直江津から米原までの北陸本線を乗り通したことになる（あと、「乗り通した」のは名古屋‐敦賀を「しらさぎ」、敦賀‐弘前を「日本海」で旅した時だけだが、湖西線からだったらいま一度、大阪‐青森を「白鳥」で乗り換えもなくまさに「乗り通して」いる）。

ほどなく流線型前頭部の前照灯三灯を光らせて、「しらさぎ5号」がやって来た。敦賀では尾灯を赤く灯らせた「サンダーバード7号」の流線型前頭部を撮ったから、ここで前面を押さえておけば、まずは安心だ。それに681系、683系電車はまだ引退するわけではないし、「サンダーバード」と「しらさぎ」も敦賀までの短い区間にはなるが、存続するらしいので、こうして鯖江から金沢まで「しらさぎ」で行き、帰りに京都まで「サンダーバード」に乗っていけば、今回の「さらば北陸本線」の旅として、まず不足はないだろう。モニターで「しらさぎ5号」が撮れていることを確認し、展望席ではないが最前列の1番C席に、米原以来はじめて腰を落ち着けた。

最初の停車駅は福井である。出張で一泊したほか、金沢からの帰りに東尋坊（とうじんぼう）と永平寺を回った時の起点とした記憶がある。泊まったのは三十六年前で、夕方仕事を終えて福井駅近くのビジネスホテルに入り、軽く飲みに出ただけなので、あまりはっきりと覚えてはいない。だが、今は再開発されてえちぜん鉄道も高架・駅ビル化されている東口で、当時の京福電鉄の福井駅があり（もちろんJR、京福とも地平）、言葉は悪いがちょっと窮屈で雑然とした繁華街という印象だった。しかし、ふと思い当たって、同じ頃購入した昭文社の「日本地図帳」を取り出し、福井市のページを見て思い出したが（四十七都道府県が見開き二ページずつの分県版とされているほか、都道府県庁所在地が東京四ページ、大阪、京都、名古屋各二ページずつ、さらに北九州市が二ページで他は一ページずつ、掲載されている）、当時の東口は、「駅裏」とされる地域だったようだ。飲みに入った店の中のことはわりとよく覚えているが、エピソードは割愛する。ただ、足羽川の「あすわ」という読み方を、ポスターか何かによってであろう、その店の中で知って覚えたことが、旅と酒の恵みとして私の旅の履歴の中に残っている。

　今の福井駅東口は本当にきれいにまとめられているようだが、新幹線ホームは島式一面二線とされ、全国の新幹線駅の中でもっとも規模が小さいと報道されている。また京福電鉄から引き継いだえちぜん鉄道勝山永平寺線が、現在の福井駅建設過程の一時期、先に出来上がった北陸新幹線のホーム部分を仮駅としていたことも思い出される。

　新幹線ホームが一面二線とされたことについて、「県都の駅なのに」と書いているニュース類を多く見かけたが、「駅裏」が窮屈な印象だったことの記憶の中に、京福の線路がＪＲの駅に寄り添っていた姿も含まれているから、私としては何となく、「ああ、あそこはそうだろうな」という考えが沸いて来て、怪しむところはなかった。それよりも、新幹線開業を迎える福井駅は、それこそ県都の駅として立派になっていることを強く感じた。またいっぽうで、当時の京福電鉄では永平寺線の終点まで乗って永平寺に行き、東尋坊に行くときにも使ったはずだから、東古市（ひがしふるいち）（現永平寺口）－勝山間以外は全線に乗ったのだろうかと、そんなことが気にかかる。しかし三国芦原（みくにあわら）線の方は記憶があいまいだから、あるいは一部バス、一部京福電車だったのかも知れない。

福井を出ると、「しらさぎ5号」は芦原温泉、加賀温泉、小松と、現在の特急停車駅すべてに停まっていく。ただ加賀温泉については、前後の動橋、大聖寺も、北陸本線の特急運転開始の際に特急停車の誘致運動をしたらしい。三駅の中央にある加賀温泉駅、もと作見駅が、位置的な関係で特急停車駅となり、ついには新幹線駅までつくられて、当地を代表する駅となったようである。

また小松は、二十五歳の時に転職した出版社で、福井の駅裏に泊まった入社直後の出張の際、先輩に連れられて羽田‐小松便で北陸入りして、はじめて訪れた。そもそもそれまでは、北陸本線も金沢以西に乗ったことがなかったのである。それから、片道ずつの合計で北陸本線敦賀‐金沢間をつごう二往復したわけであり、最初の出張の時は石川県内の書店を一回りしているから、この沿線もなじみがある方だろう。ちなみに北陸出張は、応援要員として現地入りして、最後は二人で交代して車を運転し、社有車を東京本社へ持ち帰ったから、本社への帰り道、最初の時は親不知あたりの北陸自動車道が未開通で、国道八号線であの親不知・子不知の区間を抜けて帰ったものである。二年後には、また車で帰ったが、その時は海上にせり出した親不知インターチェンジにびっくりしながら運転した覚えがある。その時連れて行って下さった先輩も、二年ほど前に八十過ぎで世を去られた。この北陸の思い出のはしばしに、先輩Iさんへの感謝の思いも付随している。

朝方の曇り空がうそのように快晴となった金沢へ、「しらさぎ5号」は定刻通り一二時四八分に到着した。二十七年ぶりの金沢である。平成七（一九九五）年に来たときは、すでに高架化されていたはずで、その後の平成九（一九九七）年と二回、高架の金沢駅に来ているはずなのだが、どうにも以前の地平ホーム時代の印象の方が、強く残っている。あの頃の金沢駅は、本線上は途中駅なのだが、上野からの、夜行を含めたたくさんの列車が金沢どまりだったから、終着駅の雰囲気を色濃く醸し出していたように思う。駅本屋とつながっていた1番ホームの富山方に、頭端式の０（ゼロ）Ａ番線、０（ゼロ）Ｂ番線があったことが、その印象を強くした要因だろうか。はじめて来た時は、上越線・長岡経由の客車時代の急行「能登」で終点金沢に到着し（上越新幹線開業前で、この頃「能登」はまだ上越線経由だった）、その頭端式ホームから七尾線の急行「能登路1号」に乗り換えて、七尾まで行っている。

あいの風とやま鉄道の５２１系　金沢駅

それにしても現在の金沢駅、立派な駅だ。新幹線ホームも同一の高さだから、新幹線二面四線に加えて在来線が三面七線（切り欠きを含む）、新幹線と在来線は壁で隔てられているとはいえ、富山方の新幹線の線路上は頻繁に新幹線列車が出入りしているのが目に入るので、駅の規模としてはゆうに十線分の高架駅なのである。

そして、人が多いことに驚かされる。乗って来た「しらさぎ5号」が到着した直後であり、鯖江で見送った「サンダーバード13号」がその二十八分前に到着している。さらに「サンダーバード15号」が八分後の一二時五六分に到着するのだが、この駅の人の多さは、特急列車の到着を受けただけのものではあるまい。金沢も、まぎれもなく地方都市の雄であるが、昨今の地方都市の意気消沈ぶりとはまったく無縁のにぎわいである。言葉を選ばずに言えば、「東京のような」人出に見えてしまう。平成の大合併前に四十万人規模の人口を有していた県庁所在地で、人口そのものは合併ゆえに増えたところもあるが、人口が減り、それ以上に衰退の伝えられる都市が多い。その代表格が、岐阜と和歌山ではないか。どちらも大都会名古屋と大阪に近すぎることが、その原因だろう。宇都宮や松山は人口が五十万を超え、宇都宮はライトレールの新設で話題を集めている。松山も、どちらかと言えば盛んと言っていいようなニュースの方をよく見かける。大分はどうか、調べてみようと思うが、この金沢ほどににぎわっている地方都市が、ほかにあるだろうか。

金沢は、平成二七（二〇一五）年の北陸新幹線延伸開業で大成功したのだろう。観光客を集めることに成功したのはよく知られているが、日曜の昼過ぎのこの盛況は、遠方からの観光客だけでなく、周辺に住む住民もここ金沢駅付近に集ってきているためではないかと見受けられる。新幹線敦賀開業後は、金沢も北陸新幹線の「終着駅」から「通過駅」に転じるわけだが、新幹線の運転系統が変わっただけで、この金沢のにぎわいに大きな変化が生じることはないのではないかと思われた。あれからほぼ半年、敦賀開業後まもなく二か月になるが（本稿執筆時）、実際のところいかがであろうか。

六、七年ぶりにお目にかかるYさんとは、そうした北陸新幹線や金沢の街にかかわること、お世話になった会社の方々のこと、とりわけその前の月に亡くなられた、往時役員だった大先輩のことなどのこもごもを、お話しさせていただいた。また駅前でお別れする際、もと「名鉄丸越」百貨店のあった方角を教えていただき、東京での再会を約して失礼することとなった。四十年近いお付き合いである今、すでに世を去られた方たちの思い出話が相当なウエイトを占めるのも、むべなるかなというところである。

金沢にあった「名鉄丸越」百貨店は、地場の老舗で創業以来有為転変の歴史を持つ丸越が名鉄グループの傘下にあった時期の通称で、武蔵が辻交差点に「名鉄丸越」というサインを掲げており、夜間は市内のどこを歩いていてもそれが目印になっていた。出張で二回、金沢駅そばに一週間近く泊まった時は、ほぼ毎晩飲み歩いていたが、どこかの店にこもりきりで飲みっぱなしになるのでなく、たいていは駅前の食堂のようなところで治部を肴に天狗舞を二、三杯飲んでから、（室生）犀星よろしく犀川のほとりをめざしてぶらぶら歩き、また飲める店をさがして入りこんでいた。兼六園の正門近くで、看板に「天狗舞」と掲げている店のカウンターで、ホタルイカを食べたこともある。そんなそぞろ歩きの道しるべとして、「名鉄丸越」の赤いサインが金沢の代名詞のように光り輝いていたのである（現在は金沢エムザとなっているようだ）。

そのようなわけで、金沢ではだいぶ飲んだことがあるようなつもりでいながら、香林坊で飲んだことはない。それがわずかに残念だな、次に来たときは昼に軽くでもいいから、ぜひ香林坊で一杯やりたいものだという思いが頭をかすめた。またYさんが、「都ホテルの跡地はまだあのままだよ」と教えて下さったが、駅前にあった都ホテル金沢が数年前に営業を止め、跡地の利用方法が決まっていないという。駅前の地下道を通ってホテルまで「9秒86」という看板が印象的で、二度ほど泊まったこともあるので、博多都ホテルのように建て直し再開に至っていないのは、残念である。

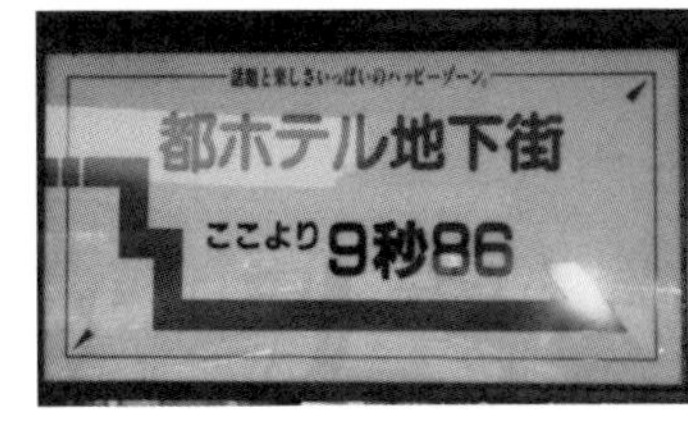

昔の金沢駅前にあった都ホテルの案内

ともあれ駅前の変わりようにかつての都ホテル金沢の面影をしのぶいとまもなく、一四時五七分発の「サンダーバード30号」の1号車1番A席に身をあずけた。なお、地下駅になっている北陸鉄道浅野川線の金沢駅も検分しに行き、時間が合えば内灘まで乗って来ようかとも思っていたが、やはり待ち時間が長すぎ、東京の地下鉄由来と思われる車輌の写真だけを撮って引き上げた。昔金沢に連泊していた時も乗らずじまいだった内灘行きの浅野川線には、今回も縁が浅かった。が、じつは金沢往復の単位で考えると、このあと白山を眺めていて、やはり一度は北陸鉄道に乗らなければ、という考えが強くなりはした。特に西金沢から鶴来まで石川線に乗り、折り返し終点野町まで乗り切ることができたら、その時は浅野川線にも乗らないとなあ、などと思ったものである。

壁を隔てて向こう側から東京行きの新幹線「かがやき」や「はくたか」が発着している金沢駅を、しずかに「サンダーバード30号」大阪行きが発車してゆく。これから帰路であり、このあとの取材目標と言えば、まずはこの福井以外ノンストップで京都まで行く「サンダーバード30号」の速達ぶりと、朝取材してきた今庄駅、敦賀駅を再チェックすること、そして敦賀‐新疋田間の鳩原ループを、今日こそは完全に確認し、可能ならば写真を撮って行くことである。それから近江塩津以南の湖西線を、しっかり見て行きたい。

この北陸本線がまもなく第三セクターＩＲいしかわ鉄道とハピラインふくいに移管され、福井、敦賀へは東京からの北陸新幹線がメインルートになる。今庄にお住まいだった西王氏は、福井以南の越前の人にとっては、金沢まで新幹線が来ていても、昔ながらの米原経由の方がなじみがあると、書いておられた。確かに、北陸新幹線は東京駅へ直接入るが、かつての在来線の急行「越前」などは東京直通と言っても終着駅は上野だったから、東京へ着いてからの動きを含めれば、東海道新幹線で東京駅に直接着く方が勝手が良いという心情的なものも含めて、米原乗り換えの方が身近だったのだろう。昨年九月には西九州新幹線武雄温泉‐長崎間が開通し、来年三月にはここ北陸で新幹線が敦賀まで延伸して、旅も大きく変わる。

旅が変わる、変わったと言えば、福井の駅裏で飲んでいた時、福井の街の表口は駅の反対側だということはある程度知っていたはずだが、大回りしてそちらまで行こうとは思わなかった。この夜はこの駅裏で飲んで終わり、それまでだという、暗黙の了解があったように思う。今だったら、表側まで行かないにしても、スマートフォンで反対側の街の様子を確認しながら、駅裏で飲むに違いない。同じように駅裏の小料理屋で一杯やって、同じだけの時間を過ごすにしても、今の方が、福井という街を総合的にとらえて過ごすことができるだろう。もちろんそれは、旅や認識の仕方が変わったというだけのことに過ぎないし、かつてのあり方の方が、情報量は少ないにせよ、ものの見方が深かった面があるかも知れず（たとえばスマホを使っていたら、「足羽（あすわ）」の読み方を一度で完全に覚えたかどうかはわからない）、どちらが良いと一概に言えるものではない。

また、このあとの具体的な最大のチェックポイントである鳩原ループは、北陸本線木ノ本‐敦賀間の新線建設、輸送量増強の仕上げとして、上り線専用に作られた線で、敦賀駅を出て左の方へカーブして行き、新幹線への引き上げ線をやり過ごしたあたりから高度を上げ、下り線とは段違いで並行してすすみながら、やがて下り線と直交する形でオーバークロスし、半径四百メートルの大きなループ線で、一度敦賀市街が見えるあたりまでぐるっと回って、ふたたび下り線と並行する位置まで出てくるはずだ。そうしたことを、昔は雑誌や書籍で調べるだけで、実際に何度か乗ってみてあらかたの見当がついてから、ようやく撮影などができたものだった。しかし今は、グーグルマップで地形や情景を前もって下調べすることもできれば、ＹｏｕＴｕｂｅで「〇〇‐〇〇間前面展望」という動画を多くの区間について作成し、載せて下さっている方々がおられるから、実際の列車に乗っているのと同じ視線で、今回のように鉄道路線上のチェックポイントまで、調べることができるのである。

時計を見ると、一五時一〇分になろうとするところである。北陸新幹線の高架線は、一度少し離れていったが、また近づいて来ている。小松が近いのだろう。この車窓の光景も、ＩＲいしかわ鉄道に乗れば今後も見ることは可能だが、特急で見ることができるのは、あと三か月あまりである。1号車1番A席は、上り列車では一番後ろのどんづまりで、この683系車輌では後ろから通る人もいないので、福井で停車する時も、誰もここまでは来ない。そして福井を出れば、あとはどこにも停まらずに京都へ行き着くのである。これは快適だ。私は近畿圏に住んだことはないが、新潟の柏崎あたりで夕方一杯やっていた時、よく「一七時何分の『雷鳥』で帰るから」と言いながら急いで飲んでいるサラリーマンと同席したことがあるので、北陸本線を愛用する近畿圏の人たちに、そうしたなじみはある。敦賀駅前の食堂で、へしこを肴に一杯やった時もそうだった。だから大阪直通の「サンダーバード」一本で京都や大阪へ帰れるものが、敦賀で乗り換えになるのはたしかに面倒だろうなと、その気持ちはよくわかる気がした。

白山の山頂付近には、もううっすらと雪が積もっている。これから冬を迎えると、山はもちろん、平野も一面真っ白になることだろう。私は、北陸新幹線には東京 - 長野間しか乗ったことがないのだが、在来線ベースで考えて、飯山 - 上越妙高 - 糸魚川間と黒部宇奈月温泉駅、新高岡駅付近の詳細以外、新幹線で金沢以西、福井や敦賀まで来ることの感覚は、これもまたよくわかる。たしかに便利なものであろう。

私は昭和三八（一九六三）年二月生まれである。物心ついた頃にはもう東海道新幹線が走っていた。新幹線への（鉄道好きゆえの）抵抗はない年代だ。東北新幹線は、大学二年だった昭和五七（一九八二）年六月に、上越新幹線は同年一一月に暫定開業しているから、はじめて仙台へ行った大学三年の六月には、もう東北新幹線が開業していたが（東北本線の急行「まつしま」は健在で、一往復半利用した）、はじめて越後湯沢へ行った大学一年の冬は、まだ上越新幹線が開業していなかった。山形新幹線や秋田新幹線、そして長野行新幹線（北陸新幹線長野開業時の、東京口での呼び方）は、成人し社会人になってからの開業だから、それぞれをその時々の知識と思惟をもって、見つめて来ている。そんな年代の私が、旅と鉄道を愛するものかきとして、今度の北陸新幹線敦賀開業に立ち会う上での思考と感興を記すことが、いくばくかでも、同じく旅と鉄道を愛する方たち、また沿線諸地域の方たちのためになればと思い、ちょっと考えるところを書かせていただく。

この北陸新幹線には、これから敦賀まで開業したあと、ルート決定を含めて大阪への延伸、並行在来線の問題がある。北陸新幹線が「全国新幹線鉄道整備法」に基づいて建設される整備新幹線である以上、これは避けられないことで、北陸新幹線では軽井沢以西のほとんどの区間が、第三セクターに置き換えられて来た。だが、「全国新幹線鉄道整備法」が制定されたのは昭和四五（一九七〇）年である。その後昭和六二（一九八七）年には国鉄民営化が行なわれ、平成二三（二〇一一）年三月一一日には東日本大震災が起きたことに加え、近年気象条件も線状降水帯の発生による集中豪雨の多発などの大きな変化があって、鉄道を取り巻く状況も大きく変化、国内の鉄道は非常に大きく様変わりした。第三セクターや、ＪＲ北海道をはじめとするＪＲ各社（特に「三島会社」）の鉄道事業の収支の厳しさ（むろん地方を中心とする民鉄も）、利用者の少ないローカル線の存廃問題は、今や鉄道関係だけの問題ではなく、全社会的に耳目を集めるところであり、すなわち社会全体の、国を挙げての問題というところまで来ているはずだ。先日、JR西日本元会長の井手正敬氏が、「鉄道モデルは崩れた」と述べておられたが（私が読んだのは朝日新聞デジタル）、想定しえなかった人口減が、大量輸送を前提とする「鉄道モデル」を根本から崩したという内容だった。

それでは、今後社会の重要なインフラである鉄道を維持していくためには、どうすればよいのか。軽々に案など言えないし、そもそも不採算の路線が廃止されて来たのも過去の厳然たる事実であるが、現在のローカル線の「存廃」論議は、「一定の数字を下回った区間は廃止対象」という流れに傾きすぎてはいまいか。「〇〇線」ではなく「〇〇区間」である。これはおかしい。商店の商品にも、利幅の大きいもの、小さいものは存在する。利益率の高いものだけ、コストの少ないものだけを売るという選択ばかりできるものではなかろう。塾においても、ある生徒、あるクラスだけを見れば採算ぎりぎり、換金できないコストを含めれば事実上採算割れという場合もある。しかし、「学習機会を求めている生徒に最高の授業を提供する」ことを社是としているから、ときには目をつぶり、歯を食いしばって負担の大きいクラスの運営をつづけることもあるのである。

ここで、鉄道の「営業係数」や「輸送密度」、すなわち採算がどれだけ合わないか、という前提や、葛西氏の「鉄道モデルが崩れた」などの知見を無視して論をすすめるのではないことを、おことわりしたい。新幹線や大都市の通勤輸送で利益が出ているだろうから、地方の赤字に目をつぶれ、というつもりもない。ただ、民営化以降に限っても、鉄道を廃止した結果、代替手段やその地域がどうなったか、という事例が数多出そろっているのだから、廃止か否かを議論するなら、経営のために合理的な数字ばかりでなく、鉄道を廃止した地域のその後を精査して、「鉄道があることとの有益性」、「ないことがもたらす地域への影響」についても、きちんと検証するべきだろう。先日も夕張‐札幌間の直通バス路線の廃止が報じられたばかりである。

そして、地域によって背景が異なるこの問題に大きな立場から道筋を示せるのは、つまるところ「国」だろう。こう言うと、「国の主導で議論に決着」という方向になりそうだが、それはかりでもあるまい。ある町や村、それらをあわせた郡や地域の盛衰は都道府県の問題に見えるが、今や大多数の地方で人口が激減し、地方の力が失われている以上、地域交通の核である鉄道の廃止でより以上に地方の力が失われれば、それはすなわち「国力」を弱くすることにつながる。国全体の力を保つことを考えるのは国の仕事だから、国が大局的、長期的な見地から、鉄道のあり方に責任を持つべきだと私は考える。

少なくともこれから新幹線をつくろうとする場合、祖法のように「作るならフル規格で整備新幹線、並行在来線は第三セクター化」を前提とするのはやめるべきだ。現に、西九州新幹線開業に際して、長崎本線江北‐肥前鹿島間では直通在来線特急の維持、肥前鹿島‐諫早間についても、時限的な措置としながらもJR九州が運行をつづけるという結論が出されている。また、令和二年七月豪雨で不通となった肥薩線の八代‐人吉間（川線）も、肥前鹿島‐諫早間同様に線路などを自治体が保有・管理し、列車の運行はJR九州が行なう上下分離方式で、「鉄路による存続」が決まったらしい（基本合意ができたのは本稿執筆中の二〇二四年四月）。

この上下分離方式には、財政負担の地方への押し付けという批判もあるようだが、地域ごとの事情と必要性の強弱もあるし、施設の保有者について「国」の可能性を排除しなければ、鉄道の維持・存続の方法として、大いに論じられて良いのではないか。もちろん、国に保有させろと言えば民営化の逆行になるわけだし、何より地域の利用者が主体的に鉄道のあり方について考えるべきだということに、反対するつもりもない。

ただ、施設を保有するのをすべて地方の負担にするのでなく、どのような枠組みを使ってもかまわないから、国が財政的に担保することを、国家百年の計として考えるべきだろう。そもそも明治三九（一九〇六）年に全国の鉄道を国有化したのは、ほかならぬ国なのである。

また、東日本大震災後のＪＲ貨物による東北地方への石油輸送のことを忘れてはならない。三月一一日の震災後、東北地方の石油需要に対する供給は住民の生命に直結する重大事だったが、東北新幹線ばかりでなく東北本線も随所で不通となり、命を守る石油を輸送することができない状況に陥った。この時ＪＲ貨物が、門司からＤＤ51を呼び寄せるなど各種の機関車と多くの人員を投入し、高崎線‐上越線‐信越本線‐羽越本線‐奥羽本線を経由した上、青森からは青い森鉄道、ＩＧＲいわて銀河鉄道の北回りで、盛岡までタンクローリー千八百五十台分のガソリン・軽油・灯油を輸送した。磐越西線経由郡山までも、同千台分の輸送が行なわれたという（注9）。ＤＤ51はそこで活躍したのだろう。今、新規の新幹線誘致を公約する政治家や、鉄道に関して何かを表明する人たちは、この時の鉄道事業者間の境界を越えたＪＲ貨物の奮闘と、「鉄道」が有している公共性、さらにその「力」とを、深く噛みしめた上でことに当たっていただきたい。旧北陸本線を分割して受け持つ四社にあっては、あいの風とやま鉄道とＩＲいしかわ鉄道が市振‐金沢間、ＩＲいしかわ鉄道とハピラインふくいが金沢‐敦賀間で直通運転をしているし、ＪＲ貨物は旧北陸本線全線にあたる区間を直通して、貨物を運んでいる。鉄路はつながっているのである。この鉄路を途切れさせず、鉄道の力を未来のこの国と人々のためにつないでゆけるよう、鉄道を愛する者として、私も微力を捧げたい。

あえて「さらば北陸本線」と題したが、かつての北陸本線の功績を讃え、別れを惜しみつつも、悲しむだけの営為とするつもりはない。これまでたくさんの人を運び旅ごころをはぐくんでくれた北陸本線が、この鉄路が、これからもずっと、多くの恵みをもたらしてくれるものであることを信じてやまない。それにはことし進発したばかりのハピラインふくいや営業区間が伸びたＩＲいしかわ鉄道、さらにあいの風とやま鉄道にえちごトキめき鉄道日本海ひすいラインが力強く歩み（ドラフト）を刻みつづけてくれることが不可欠である。また福井県内では、ハピラインふくいとえちぜん鉄道、福井鉄道の統合も検討する可能性があるという。えちごトキめき鉄道は日本海ひすいラインだけでなく、妙高はねうまラインもあわせて積極果敢な取り組みを見せてくれている。果敢と言えば、金沢速達の切り札だった「はくたか」を失ってなお（北陸新幹線金沢延伸時の「はくたか」

廃止は当初から決まっていた）、時速110kmの超快速「スノーラビット」を走らせた北越急行ほくほく線を忘れるわけにいかない。残念ながら「スノーラビット」とえちごトキめき鉄道妙高はねうまライン への直通はいったん廃止されたようだが、北越急行のニュースを見ることはその後も決して少なくない。

『時刻表2万キロ』の時代のように、すみずみにまで地図記号の「国鉄／JR」の路線が張りめぐらされていた日本国全図から考えると、現在の鉄道の状況は、さびしい限りである。しかし国内各地で、第三セクターや民鉄各線が鉄路を守り、たゆまぬ努力をつづけている会社もたくさんある。本書の各章を総合すると、私は過去の鉄道をしのび、栄枯盛衰を嘆じる傾向の方が強いのだろうと、自認せざるを得ないが、失われた鉄路をもとに戻すことができない以上、より大切なのは、今ある鉄路を守るべく、声を上げ知恵を出しつづけることなのではあるまいか。

現実として「米原 - 敦賀間四五・九キロ」となった北陸本線だが、四社が引き継いだ敦賀 - 直江津間を、夢の列車が走るということが、ありはしないだろうか。これまでも一部、二社ずつは直通運転をしているのだし、越後のトキ鉄は、455系国鉄急行形電車を走らせてくれ、脚光を浴びている。JR九州の「36プラス3」のような例もある（「つばめ型」787系の特別車輛が、現在「木曜プラン」では博多 - 鹿児島中央間を途中熊本のみの停車で走っており、肥薩おれんじ鉄道線の区間も直通している）。関東でJRと東武が相互乗り入れをはじめてから二十年近くなるのだし、かつては小田急から御殿場線へ乗り入れる「あさぎり」（現「ふじさん」）も、小田急とJRの双方が専用車輛を開発し、投入していた。「人が乗る」ことが鉄路を維持する大前提なら、建前や枠組み、古い垣根に固執せず、これまでに築き上げられた貴重なインフラであるすべての鉄道を柔軟に運用して、鉄道の価値を高めればいい。もちろん観光列車的な面ばかりではない。

旧信越本線横川‐軽井沢間が廃止される前、群馬県から軽井沢（長野県）側へ通学している高校生の、「何とか電車を残してほしい」という声が報じられたが、バスでのある程度の対応はあったのかも知れないが、弱い立場のごく少数の声だけでは、動かないものがある。また、日本中で過疎地域の高等学校、分校が廃止され、鉄道利用の主役だった列車通学の高校生が激減する（いなくなる）事態ともなっている。だが、これでは乗客が減るのも当然だ、廃止もやむを得ない、と負け戦いっぽうの考え方に陥るのではなく、銚子電鉄のぬれ煎餅や、和歌山電鐵貴志川線のたま駅長など、ユニークな着想で奮闘している鉄道各社の叡智を集めて、鉄道全般の価値の創出をはかる道があるのではないだろうか。ガソリンエンジン車が淘汰されるかも知れない岐路に立つ自動車会社も、それこそ大局的な見地から、鉄道と自動車を組み合わせた総合的な交通体系の創出のために手をたずさえることがあってもいいと思う。パークアンドライドが奏功している地域もあるし、かつてはあの国鉄が、「カートレイン」を走らせたこともあった（一九八五年～一九九九年）。『時刻表2万キロ』（河出書房新社）では、今は愛知環状鉄道となっている旧岡多線の北野桝塚付近で、自動車輸送専用の貨車「車運車」を見た宮脇氏が、「殊勝な格好で全国の販売所まで運ばしておいて、いずれは国鉄の敵となる」と書いておられるが、古来、敵の敵は味方、の謂もある。時代、というより交通を取り巻く大前提が根底から変わっているのだから、取り組み方も、従来の枠組みから脱していかないと、先は見えないだろう。そもそも国内の人口も、減った減ったと言われるが、日本全体でなら、現在はまだピーク時から約三・二%、四百九万人減っているのみだ（二〇〇八年→二〇二三年）。東京など一極に集中していることと、少子化で高校がなくなった（二〇二三年三月の十八歳人口は約百十万人で、一九九二年の十八歳人口約二百五万人からほぼ半減している）ことが「人口」の面でのマイナス要因であり、以前は鉄道を使っていた人が今は車を使っている「手段」の面のマイナス要因の方が、大きいのだろう。先を見ることは大事だが、統計的な予測にばかり踊らされ、短絡的に整理、整理に猛進して、守るべき大切なものを見落としてしまい、失ってしまった例が、すでにたくさんあるはずだ。失ってから、取り戻すことのできないものの喪失感に打ちひしがれるより、失わないために力を尽くすこと、それが人の営みというものではないだろうか。

もちろん、鉄道の維持存続、いや復権、さらなる発展のためには、鉄道会社や行政、政治にだけ責任を求めていてはいけない。鉄道を愛し、利用する者が、あるいはかつて列車で通学し、その恩恵を受けた人々すべてが、鉄道を何とかしようと考え、行動しなければ、愛すべき鉄路を守ることはできない。

ことし、令和六（二〇二四）年三月に路線の大半を明けわたした北陸本線が、われわれに、そのことを真剣に考える機会を与えてくれたのではないだろうか。旅する者も、鉄道を愛する者も、新しい大きな視点で、この記念すべき「北陸本線」と鉄道各線を見守り、支えつづけていくべきであろう。

注1　令和六(二〇二四)年三月一六日から営業を開始したハピラインふくいでは、直前の北陸本線時代にはなかった快速列車の運転をはじめたという。停車駅は、敦賀-今庄または南条-武生-鯖江-福井ということで、「しらさぎ」や武生、鯖江停車の「サンダーバード」という北陸本線時代の特急列車と比して、今庄または南条が増えている。特別料金不要の優等列車の登場ということで、好評のようである。

注2　直流電化と交流電化では根本的に仕組みが違うので、直流用、交流用それぞれ専用に作られた電車や機関車は、異なる電化方式の区間では、架線から電気をもらってモーターを回して走ることはできない。ただしこの北陸本線をはじめ、長距離で直流区間・交流区間にまたがって走る要請を満たすため、交直両用の電車や機関車が作られた。とはいえ架線からの電気を一度なくして回路を切り換える必要があり、その区間をデッドセクション、死電区間などという。

注3　初代長浜駅舎は駅手前の長浜鉄道スクエアにあり、到着前にちらりと見える。

注4　『機関車大将』相良俊輔著　一九六九年六月二五日初版発行　朝日ソノラマ。鉄道ファン一九六九年九月号によると、「少年サンデー」に連載された作品のようである。

注5　「全国新幹線鉄道整備法」にもとづいて建設された整備新幹線では、その開業時、同じ区間を並行して走る在来線は国鉄（ＪＲ）から切り離し、第三セクターへ移管することとされている。

北陸新幹線では、平成九（一九九七）年の長野開業で旧信越本線の横川‐軽井沢間が廃止され、軽井沢‐篠ノ井間がしなの鉄道に、平成二七（二〇一五）年の金沢開業では長野‐妙高高原間がしなの鉄道、妙高高原‐直江津間がえちごトキめき鉄道妙高はねうまライン、直江津‐市振間が同日本海ひすいライン、市振‐倶利伽羅間があいの風とやま鉄道、倶利伽羅‐金沢間がＩＲいしかわ鉄道となった。そして今年令和六（二〇二四）年三月一六日に、金沢‐大聖寺間がＩＲいしかわ鉄道、大聖寺‐敦賀間がハピラインふくいへ移管された。北陸新幹線大阪延伸が現在決まっている小浜から南下のルートになった場合、湖西線も含め敦賀以南の現在線が「並行在来線」になるという話が、現実に出ているようである。

注6　今回確認していてわかったが、この事故の三年前の昭和四四（一九六九）年一二月に、北陸トンネルで寝台特急「日本海」の電源車から火災が起こる事故があったが、その時は乗務員の判断でトンネルを出てから消火し、火元車輌の焼損のみで済んだのだという。ただ、国鉄はそれを全社的な教訓・規定とせず、乗務員が規定違反で処分されたという説まで流れたようである。

注7　令和六（二〇二四）年六月四日現在、今庄に往復一本、南条に敦賀行き三本、福井行き四本が停車している。

注8　令和五（二〇二三）年一一月二六日当時。その後閉店、駅売店復活が模索されているようだ。

注9　東京新聞ＴＯＫＹＯＷＥＢ「3．11　被災地に石油を輸送せよ　11年前　緊迫の挑戦　真貝康一・ＪＲ貨物社長に聞く」参照　一部引用

そして揖斐川〜「しらさぎ」との出会い

そして揖斐川〜「しらさぎ」との出会い

かつて名古屋に住んでいた者にとって、木曽川、長良川、揖斐川の木曽三川には、特別に深く心に語りかけて来るものがある。名古屋で「のぞみ3号」から「こだま765号」に乗り換え、濃尾平野の冬枯れの広野に目を和ませながらまず木曽川を渡ると、岐阜羽島に停車。折しも名鉄羽島線の二輌編成が、新羽島駅に入って来たところだった。三十年前の名古屋在住時の日常感覚が、わずかによみがえる。

品川を九分後に発車して来た「のぞみ103号」をやり過ごして発車すると、ほどなく長良川を渡る。席が空いているので右側にいっとき身を移し、金華山の方を見やると、岐阜の街にしげく足を運んだ往時のあれこれが思い出され、齢六十のわが身に、熱い日々があったことが確認された。

「長良をこえて、そして揖斐川。」

短歌の下句七・七ともなりうるこのフレーズを往時から胸の奥に抱えこみながら、成句とせずに三十年を過ごして来た。揖斐川が、美濃の山深いあたりから濃尾平野へ流れ出て来るさまを眺めていると、旅する者にとってこの揖斐川こそが、とどのつまりであるかのように思われる。その感覚が、「そして揖斐川」だったのだろうと考えられるが、「長良をこえて」を前につけたものの、一首ある。
の短歌とするための上句は、ついに立ちあらわれなかった。そのまま三十年間、眠っていた言葉で

それが今回、北陸へ向かうために名古屋からのこだま号で濃尾平野を越えてゆく今、木曽川、長良川と順に木曽三川を渡るうちに、飄然と浮かび上がって来たのであった。そこでふと、「つまりは、揖斐川なんだな。」などと、『檸檬』（梶井基次郎）の象徴的な一節に埋め込んでみたが、しっくり来ない。というより、やはり「そして揖斐川」という七音が、どうあっても自分でけりをつけろと訴えているのだろう。

東京在住の身となってしまえば、木曽三川は新幹線で越えるのがならわしとなるのもやむを得ないが（むかしはブルートレインで暗い川面を眺めたこともあったが、いまサンライズ瀬戸・出雲を利用できる状況にはない）、名古屋にいた頃は、東海道本線の普通列車、あるいは快速や新快速でここをゆくこともしばしばあった。尾張一宮から木曽川駅を経て木曽川を渡り、岐阜駅からは西岐阜を過ぎて穂積に到着する前に、長良川を渡る。そして穂積から大垣へ至る手前、北側から樽見鉄道線が近づいて来るのが見えてすぐ、満を持したように揖斐川を渡るのである。とどのつまり、「そして揖斐川」という言葉が最初に浮かんだのは、名古屋に住むようになって、いく度か東海道線で滋賀や京都へ行くようになってからのことだったのだろう。

夢想をとりまとめるいとまもなく、列車は早くも揖斐川の橋梁にさしかかっていた。揖斐川を越えると、いよいよ伊吹の山なみが近づいて来る。東海道新幹線は昔からここの雪で遅延することがしばしばあった。それは「関ヶ原の雪」と呼ばれるのであり、もちろん徳川家康が天下取りを決めたあの関ヶ原の戦いの古戦場のあたりを通るのである。

また在来線の東海道本線は、関ヶ原の手前の垂井(たるい)にかけての２５パーミルの上り勾配が輸送力のネックとなっており、戦時中に勾配を１０パーミルにゆるめた下り専用線が敷かれ、新垂井駅が設置された。残念ながら一九八六（昭和六一）年に廃止されたので、私は営業している新垂井駅をしかと目にとめたことはない。それまでに東海道本線の下り線でそこを通ったのは、小学一年生だった昭和四四（一九六九）年の急行「霧島」だけで（注、次の機会は昭和六二（一九八七）年、夜行急行「銀河」で京都へ行った時だから、その時はもう廃止されていたのである。ただし夏のことだったから、すでに明るくなっていた新垂井駅のホームはしっかりと目におさめた。前年に廃止されたばかりだから、そこは遺構というよりも、まだ旅する者を迎えようという意志を多分に秘めた場所であるように思われた。

関ヶ原という地名から、さらに思いが転じた。名古屋に住んでいた頃、私は自分に甲斐武田氏にかかわる血が流れているのではないかと感じたことがある。両親とも鹿児島の伊集院の出であり、父の家系は薩摩藩の下級武士とわかっているから、武田氏の家臣の血筋というはずはないのだが、大学時代及び最初に勤めた会社で八ヶ岳界隈に深くなじんで甲斐の国に誼を通じたばかりでなく、愛知県の奥三河、北設楽郡設楽町の田口という町で（そこには信玄塚というものがある）、遠州から信州へとつづく山なみをながめていて、甲斐へ通じる血のたぎりを感じたのだ。「ＤＮＡが記憶しているんですよ」と教えて下さったのは、その田口の町の塾の先生だった。

さらに名古屋を離れ、今の日常になってだいぶ経ってから、奥三河に隣接している北遠（遠州の北部で、現在は浜松市天竜区）にも、かなり親しむこととなった。ここでも「青崩峠」（およびヒョー越峠）が、武田に深くかかわっている。三方ヶ原の戦い、さらには信玄の陣中死につながる上洛の途上、武田軍は諏訪湖の南の杖突峠から高遠を経て152号線を南下、この青崩峠、ヒョー越峠から遠江に入り、浜松方面へ進撃した。その道筋と、奥三河の山家三方衆が武田の勢力下にあったことなどが、私が奥三河で武田の血を感じたことに結びつくし、縁あって北遠にひかれて行ったこともうなずけるのである。

そのようなわけで、「血」の真偽は措くとしても私は甲斐武田に魂の導かれるものを持っており、その観点から、「そして揖斐川」が解明されるのではないかと思い至った。もし天正元（一五七三）年、信玄が三方ヶ原の戦いのあと三河へ進んだところで死病の床に臥せることなく、京を、もしくは織田との戦いをめざして西進していたら（歴史ＩＦではないのでおゆるしいただきたい）、濃尾平野を行軍し、伊吹を望むこのあたりで、「ここを越えればいよいよ近江、信長軍と決戦だ」と気持ちを引きしめる局面が、あり得たのではあるまいか。その時信玄か側近の誰かが、「そして揖斐川（を越える）」と考えたかも知れない仮定の言葉が、尾張（名古屋）に身を置きながら武田の血を感じていた当時の私に、魂の言葉として湧き出て来たのかも知れない。あるいは、都への思いを残して世を去った信玄の無念の思いが、木曽三川の最後の川、揖斐川にとどまっているのかとも思われる。三十年間眠っていた「そして揖斐川」は、これで落ち着いてくれるだろうか。

思いは新垂井、そして甲斐武田氏まで飛んでいたが、列車の北方には大垣の市街地が見えている。芭蕉の「おくのほそ道」の終焉の地であり、「歌人舎」との吟行会で少しく散策したこともあるが、本書において外すことができないのは、特急「しらさぎ」とのはじめての出会いであろう。

関ヶ原手前、美濃の山並み

それは大学三年であるから二十歳の秋、九月のことだった。大学の釣友会（ちょうゆうかい）の合宿で九州の北山（ほくざん）ダムへ行き、長崎、由布院と足を伸ばしてから、当時広島にいた兄のところに立ち寄った。その広島からの帰路、長崎や由布院に泊まって小遣いを使い果たしてしまったから、新幹線に乗ることができず、広島から三原、岡山、網干（あぼし）、米原と鈍行、快速を乗り継いで、米原から大垣にたどりついたのであった。

二日酔い（それが何日か続いた重酔）だったから、朝からの車中では何も食べておらず、夜の大垣駅のホームで、ようやくそばを口にした。生き返る思いであった。

そして大垣ではすこし時間があり、大垣始発の東京行き普通列車（いわゆる「大垣夜行」の上り列車）のグリーン車に身をあずける。すると朝、横浜まで戻れるし、当時は165系での編成だったから急行用グリーン車で、大きく倒せるリクライニングシートに深々と体を沈め、フットレストを上まで上げて靴を脱いで足を投げ出せば、ゆったり眠れるだろうという計算が、広島を発つ時からあったのだ。朝から鈍行の乗り継ぎで疲れ果て、京阪神間では夕方の帰宅ラッシュをくぐり抜けて来た一日の終わりに、体はグリーン車のゆったりした席を渇望していた。

やがて列車到着のアナウンスより前に、垂井方面から煌々と前照灯を光らせた列車がやって来るのが目に入った。乗る列車は大垣始発のはずだから、まさかあれはそうではないだろう、と思いつつも、早く座席に身をゆだねたいという一心から、近づいて来る列車の動きに目を凝らす。暗闇に浮かぶ光が三灯であるとわかった頃、ブツッ、という音とともに駅のアナウンスが流れ出した。

「今度、４番線に参ります列車は、上り特急『しらさぎ14号』名古屋行きでございます。」

その頃は名古屋に住んでいないばかりか、下車したことすら一度もなく、これっぽっちもなじみはない。ただ遠い旅路の果ての、通りすがりの列車の終着駅に過ぎなかった。ましてや大垣駅は、岐阜県第二の都市の中心駅にしてはうらさびしく、やって来る「しらさぎ14号」にしても、広島からここまでの道中で新幹線駅が近づくたびに幾度となく恨めしく見送ったひかり号、こだま号同様、「乗ることのできない優等列車」に過ぎなかった。

しかし、夜の闇を切り裂いて進行して来る夜汽車の前照灯の強い光は、旅人の心をゆすぶり、さらに遠くへ誘うものを持っている。食い入るように「しらさぎ14号」の接近するさまを見つめていると、やがてその先頭車がボンネット型の前頭形状であることが認められ、三灯目の運転台上の兜のような前照灯もいかめしく、「こだま型」のクリームと赤の485系の先頭車が、音を立てて大垣駅のホームに走りこんで来た。米原で新幹線接続の乗客を降ろしているから、空席が目立つ。それだけに、私はその「しらさぎ14号」に乗りたい気持ちにかられたのだった。

もちろん、「大垣夜行」には始発の大垣から乗るのが有利だ（普通列車なので当然グリーン車も自由席で、名古屋からではうまく座れるかどうかわからない）。何より財布には三千円ほどしか残っておらず、グリーン料金千七百円と横浜からの相鉄・小田急の電車賃は残しておかなければならないから、かりに自由席であっても「しらさぎ14号」に乗る予算はないのである。だが、体が疲れているから早く座りたい、という身体的な欲求以上に、「しらさぎ14号」がまとっている夜汽車の旅情が、私を強く誘うのだった。

大学三年、二十歳。すでにある程度の分別は持っていた。しかしもし分別のない子どもだったら、あるいは後年、財布に少々余裕のある年齢になってから酔余幾度かやったように、酔って調子に乗りやすいタイミングであったなら（その日は一滴も酒を飲んでいなかった）、きっとそのまま、自由席に飛び乗ってしまっていただろう。乗ってから、岐阜か尾張一宮で後続の「大垣夜行」に乗ればいい、などと、考えついていたかも知れない。

しかし、発車のベルが鳴り響く中、私はずっとこらえながら、「しらさぎ14号」を大垣駅で見送った。今度は尾灯の赤い光が、せつなく旅ごころを刺激していた。そして特急「しらさぎ」は、私にとって忘れられない、特別な列車となったのである。のちに名古屋に住む身となって、はじめて「しらさぎ」に乗った時、えもいわれぬ感激に全身をふるわせたのは言うまでもないことである。

今回の北陸新幹線敦賀開業で、「しらさぎ」が名古屋－敦賀間の特急として残ったことはまことに喜ばしい。もちろん私個人の感傷にとどまらず、名古屋周辺に住む人にとって、岐阜や大垣に最短で行ける在来線特急があることは、貴重なことであろう。どんな名列車とて永遠不滅ということはないし（九州新幹線開業時に名称が復活した「つばめ」は稀有な例である）、北陸新幹線大阪開業の時点では、特急としての存続の可能性はきわめて低いものだろう。

しかし私のまなうらには、二十歳の秋の夜の大垣駅で、ヘッドライト三灯をきらめかせて遠く富山から馳せ戻って来た凛々しい「しらさぎ14号」が、永遠に（それは私の生ある限り）その雄姿をとどめている。これからも敦賀行きの特急「しらさぎ」が活躍することを切に念じて、令和六（二〇二四）年の鉄道記録の一とさせていただきたい。

（注　急行「霧島」は機関車牽引の客車列車で、東京－西鹿児島（現・鹿児島中央）間を二五時間一五分で結んでいた。当然ながら山陽本線あたりでは「夜行」になるが、昼行の区間も長いので、次の「銀河」のように「夜行急行」と書くのは適切でない。ちなみに「銀河」も、正しくは「寝台急行」と書くべきかも知れない（ただし臨時は14系座席客車が走っていたこともあり、それはまさに「夜行急行」であった）。その「霧島」に乗った時、なぜだか「おわりいちのみや」の駅名標を見て歓声をあげたことは覚えているが、新垂井についてはまったく記憶がない。当然と言えば当然で、一行を率いていた父でさえ、その駅については知らなかったのではないか。

※ 本章の中扉の写真は、二〇一〇年二月に「さらば急行能登」の旅をした時に、糸魚川駅で、本当は泊まで行って乗って来るはずだった急行「きたぐに」を撮ったものです。583系電車ですから、残念ながら「しらさぎ」でも485系電車でもないのですが、夜の闇の中にあらわれた前照灯の「三灯」であるため、雰囲気は伝えてくれていると思います。また口絵2の二六七ページの鯖江駅に進入して来た「しらさぎ5号」のように、681系・683系電車も、前照灯三灯のおもむきを強く残してくれていますね。

碓氷峠を越えた「白山」、「能登」

碓氷峠を越えた「白山」、「能登」

「北陸本線」を語るのだから、当然ながら米原からの道順でスタートした。そこを名古屋へと走る名特急「しらさぎ」についても書かせていただいた。しかし東京方面から「北陸本線」を思う時、絶対に避けて通ることのできないルートがある。そもそも海側の直江津から線路を敷いて来て、長野、篠ノ井、小諸を経て軽井沢、さらに高崎まで到達した、信越本線である。

若い方たちのためにかんたんに紹介すると、直江津から北陸本線（現在のえちごトキめき鉄道日本海ひすいライン）へ入るまでの道筋は、北陸新幹線の長野開業直前には三本あった。上野から大宮まで東北本線、大宮から高崎まで高崎線を通り、高崎からは上越線で水上(みなかみ)、越後湯沢を経て長岡（宮内）に至って、長岡から折り返して柏崎、直江津へと信越本線で向かうルートと、線路は上越線の六日町から十日町を経て直江津（犀潟(さいがた)）へ向かう北越急行ほくほく線（特急の乗り換えは越後湯沢から）、そして一番古くからの幹線である、信越本線だ。

信越本線は、高崎から現在の「終点」である横川を過ぎ、いまは碓氷峠鉄道文化むらから碓氷峠交流記念財団の峠の湯へ行くトロッコ列車「シェルパくん」が走っている線路を軽井沢まで登り切って、軽井沢からは現しなの鉄道線（篠ノ井まで）‐「信越本線」（長野まで）‐しなの鉄道北しなの線のルートで直江津へ出て、直江津からは柏崎‐長岡‐東三条‐新津を経由して新潟を終点とする、全長三二七・一キロの本線だった。すでに少々わかりにくいかと思うが、本来の信越本線は長野から妙高高原－高田（この二つ手前にあった脇野田（わきのだ）駅が上越妙高駅になった）－直江津－柏崎－長岡－新潟と回って行くのが下り線の順路だが、上越線ができてから、東京（上野）から新潟へ向かう列車は上越線を通るようになり、本来の信越本線の向きとは逆に、長岡経由で富山、金沢方面に向かう列車が、長岡から柏崎、直江津と下って行くようになった。信越本線の線路上は直江津－長岡間が下りだが、そこを多く走る上野発北陸方面行きの列車では長岡から直江津へ向かって下りになるという、一種の逆転現象が起きていた。

そして信越本線は、資材調達、輸送の必要上直江津から南へ下って来る形で建設され、碓氷峠の横川－軽井沢間は古来難所と謳われた天険で、明治二六（一八九三）年の開通から昭和三八（一九六三）年までは66・7パーミルの勾配をクリアするために、機関車の台車（車軸）側にある歯車（ピニオン）をレールの中央部に敷かれた歯軌条（ラックレール）に噛ませる「アプト式」（注1）という、スイスなどの幹線ではない鉄道で用いられていた方式を取り入れた。このアプト式の時代、ベテランの機関士でも、歯軌条とピニオンがうまく噛み合ってくれるよう、毎回祈るような心境だったという。

「横軽」廃止直前のＥＤ４２展示

アプト式時代末期の昭和三六（一九六一）年から四年間、大阪から青森へ行く特急「白鳥」が、キハ82形気動車で運転されたが、十二輌のうち六輌が青森行きで、残りの六輌は直江津から信越本線を経由して上野までやって来ていた。国鉄内部では「信越白鳥」と呼ばれたそうだが、その運

ＥＤ４２展示解説

転期間の前半二年間は、アプト式ＥＤ42形機関車がそのキハ82形「信越白鳥」を碓氷峠でバックアップした。ところでこの「信越白鳥」、上野発直江津経由大阪行きの特急は、いま全通の一歩手前までこぎつけた北陸新幹線の原型と言えるのではないだろうか。また、昭和四七（一九七二）年の湖西線開業までは、特急「白鳥」（「信越白鳥」が走っていた期間は、大阪－直江津間は青森行き「日本海白鳥」と併結して十二輛編成で運転）も米原からの北陸本線経由で敦賀へ至っていた。

アプト式による碓氷越えは、早くから信越本線の輸送上のネックとなっていた。そこで昭和三八（一九六三）年一〇月、新線を一本建設し、旧線を一部転用して、複線で通常の粘着運転をする方式に改めた碓氷新線が開業した（新線開通から複線完成まではタイムラグあり）。それを可能にし、北陸新幹線長野開業を翌日に控えた平成九（一九九七）年九月三〇日まで休むことなく活躍したのが、碓氷峠専用に開発されたＥＦ63形電気機関車である。

専用の補機として作られたこの強力な電気機関車の力によって、峠を上る時は下から押し上げ、下る時はやはり下側について列車の重量を押しとどめる方法で、最急勾配66・7パーミルという難所を通常と同じ粘着運転方式（アプト式でない）において運行することが可能になった。このためアプト式では四十数分かかっていた横川―軽井沢間の所要時間が、下り列車（峠を上る）で十七分、上り列車（峠を下る）で二十四分と、飛躍的な速度の向上が達成され、信越本線としての運行条件の改善が果たされたのである。技術の改良はさらにすすみ、ＥＦ６３の運転席で一括制御のできる協調運転方式の開発によって、一時は十二輌もの長大編成の列車が碓氷峠を越えていた。

このＥＦ６３、通称ロクサンこそは、かつての碓氷越えの象徴だった。横川と軽井沢でロクサンの連結、切り離しのための停車時間があり、その間、特に横川では、ホームに礼儀正しい釜飯の販売員が立って釜飯を売り、発車時には最敬礼して列車を見送っていた。またロクサンは特殊なモーターとブロワーを用い、列車が峠を下る際の運動エネルギーを電気と熱に変え、熱の方は屋根上から大気中に放出していたので、そのブロワー音が谷に、すなわち碓氷の山にこだまして、えも言われぬ風情を漂わせていたという（本書九十一ページ「小説　鉄の軋み」に詳述）。

現役最終盤のＥＦ６３

北陸新幹線長野開業前は、高崎からこの信越本線を直江津まで走り、直江津から北陸本線に入って富山、金沢、福井方面へ行く特急・急行があった。一九九〇年代に運転されていた代表的な列車は、特急「白山」と急行「能登」である。「能登」は本書五十四ページでもふれた通り、上越新幹線開業までは上越線経由で長岡を回り、信越本線長岡‐柏崎‐直江津の区間を通って北陸本線に入っていたが、上越新幹線開業後、北陸新幹線長野開業で信越本線横川‐軽井沢間が廃止となった平成九（一九九七）年九月三〇日までは、信越本線長野経由で高崎‐直江津間を走ったのである。

私は平成二二（二〇一〇）年二月に「さらば急行能登」の旅をして、一か月後に廃止となる定期急行「能登」との別れを済ませたが、最初に北陸地方へ行った昭和五六（一九八一）年八月にも、上野から金沢まで「能登」に乗っている。この頃はまだ客車列車（夜行）で、手もとにある時刻表の昭和五六（一九八一）年九月号によれば、荷物車をのぞく十二輌のうち、A寝台が一輌、三段式B寝台が五輌、グリーン車が一輌、普通座席車の指定席が二輌、自由席が三輌となっている。学生のわれわれは当然自由席だった。

のち、平成五（一九九三）年三月から、489系特急形電車での運転となり(注2)、夜行列車ではあるが寝台車は連結していない編成となった。私が最後に乗ったのもその形の「能登」である。なお東海道新幹線開業前には、東海道本線・米原経由で金沢まで行っていた夜行急行「能登」があったらしい。

この時の帰りは特急を奮発し、金沢から上野まで、上越線回りの特急「はくたか」に乗車した。この「はくたか」は、先に書いた信越線経由上野 - 大阪間の特急「白鳥」（信越白鳥）を置き換え、昭和四〇（一九六五）年一〇月ダイヤ改正で登場した。昭和四四（一九六九）年一〇月改正で電車化され、その時から長岡経由になったようだ。そして「はくたか」は、昭和五七（一九八二）年一一月一五日の上越新幹線開業（大宮からの暫定）で廃止されたが、十五年後、北陸新幹線長野開業に先立つ平成九（一九九七）年三月に北越急行ほくほく線が開業した際、途中から160km／時運転を行なうようになったスーパー特急（本書一八〇ページ参照）の愛称名として復活し、平成二七（二〇一五）年の北陸新幹線金沢開業時に、「かがやき」よりも停車駅の多いタイプの新幹線列車の愛称となっている。

私は「さらば北陸本線」の帰路こそ福井以外ノンストップの「サンダーバード30号」に乗ったが、基本的には最速達タイプ（すなわち「かがやき」）よりも、いろいろな駅に停まって地方色を感じられる列車の方が好きである。だから北陸新幹線（金沢開業後）で上田まで行った時も、その帰りに長野から乗った時も「はくたか」を選んだのだが、今考えてみると、大学一年の時にはじめて乗った金沢発上野行きの特急「はくたか」ゆえの愛着があってのことかも知れない。昭和五六（一九八一）年、上越新幹線開業前の「はくたか」の車窓からは、ホテルや旅館のあかりがきらめいて、にぎわっているのであろう水上温泉の様子がきらびやかに見えたものだった。さらに言い添えると、この当時の「はくたか」は二往復とも高崎のあと水上に停車し、越後湯沢は通過している。

またこの頃、東京と金沢を結ぶ特急は、信越本線長野経由が「白山」、上越線長岡経由が「はくたか」と分かれていた。「白山」は、昭和五六（一九八一）年九月には下りが1号・3号・5号、上りが2号・4号・6号と三往復が運転されていたが、時刻表の平成元（一九八九）年一一月号では二往復に、平成四（一九九二）年八月号では「〇号」がつかない「白山」、つまり一往復になっている。そして長野行きまたは直江津行きだった189系もしくは489系の特急「あさま」の名称が長野行新幹線に引き継がれる前日の平成七（一九九七）年九月三〇日に廃止となっている。

その同じ日をもって、碓氷峠の天険を超えた信越本線横川 - 軽井沢間も廃止されたが、往時を知る人たちの心の奥に、碓氷峠を越えた汽車の旅の思い出は、今なお強く残っていることだろう。上越新幹線暫定開業から北陸新幹線長野開業までの十五年間は、峠のシェルパと呼ばれたＥＦ63、愛称ロクサンに押し上げられ、あるいは押しとどめられて、特急「白山」と急行「能登」が碓氷峠を越えていたのである。日本の鉄道史の中でも特筆すべき、アプト式とロクサンの特殊技術に加え、峠を上り切れなかった下り列車が熊ノ平（くまのたいら）駅構内まで逆走（逸走）して乗務員四人が死亡した大正七（一九一八）年の列車脱線事故、また昭和二五（一九五〇）年の、職員の家族を含む五十六人の死者を出した熊ノ平の大規模崩落事故など、難所を越える鉄道ゆえの痛ましい犠牲を出しながら、職員たちが心血を注いで列車と線路、輸送の安全を守りつづけた、忘るべからざる交通史のモニュメントのひとつが、碓氷峠の旧信越本線横川‐軽井沢間なのである。

いま、北陸新幹線の列車は軽井沢の手前で力強く40パーミルの急勾配を上ってゆくが、ロクサンの時代であっても横川‐軽井沢間の制限速度は、下り列車（峠を上る）が38㎞／時、上り列車（峠を下る）では25㎞／時におさえられていた。必然的に、車窓の光景は手にとるように間近に感じられ、四季折々の絶景に感嘆の声を上げながら旅する人の姿も見かけられた。「北陸本線」との別れの一冊を編むにあたり、北陸新幹線長野開業前の特急「白山」と急行「能登」が碓氷峠を越えていたことを書き残しておきたく、綴らせていただいた次第である。

また次章「鉄の軋み」は、珠玉の鉄道誌「ノスタルジックトレイン」誌の編集部の求めにこたえて書いたものだが、北陸本線とも深いつながりのある碓氷峠の物語であり、北陸本線柳ケ瀬トンネルの乗務員たちが苦闘していたのと同じ時代のアプト式ED42の機関士の姿を描いているため、本書のコンセプトに通底するものとして、掲載させていただいた。

（注1　開発者のドイツ人の名が「Abt」だから「アプト」の発音と思われるが、日本では昭和初期まで「アブト」と言われていた。「鉄の軋み」の登場人物の発言もそれに従っている。

（注2　189系、489系の形式番号の末尾が「9」であるのは、碓氷峠でのEF63との協調運転の設備を有している形式であることを示している。また「189」やそのもとの「185」など100番台は、直流用の電車であり、「489」やそのもとの「485」など400番台は、交直両用（交流区間と直流区間を通して走れる）電車であって、直江津から先、北陸本線へ直通する「白山」、「はくたか」には、489系が用いられた。長野または直江津行きの「あさま」が489系で運転されることもあり、「白山色」あさまもときどき見られた。

付記　平成九（一九九七）年三月二二日〜九月三〇日の高崎 - 直江津間のことなど

本文中に書いた通り、この半年間は、東京、大宮、高崎から直江津へ向かう鉄道の道筋が、三通りあった期間です。文字のみですが、少し図式的に整理します。

① 高崎 - 水上 - 越後湯沢 - 長岡 - 柏崎 - 直江津
② 高崎 - 越後湯沢 - 六日町 - （ほくほく線） - 犀潟 - 直江津
③ 高崎 - 軽井沢 - 長野 - 妙高高原 - 高田 - 直江津

あとの「さらば急行能登」中一四八ページに書きましたが、私はこの年の八月に②のほくほく線経由の「はくたか」で高岡へ向かう際、直江津を出たところで③を通って左からやって来た489系「白山」に出会い、わくわくしました。しかし鮮烈な記憶だったにもかかわらず、三十年近い年月が経過した今、往時のいろいろな条件を思い出しながら書いていると、上信越の鉄道系がきらめくようだったこの半年間のことが、本当に夢のようにおぼろげになってしまっていることに気がついて、愕然としました。

まして、北陸新幹線長野開業以前の信越本線時代を直接知らない年代の方たちには、この期間の三ルートのことが非常にわかりにくいと思いますので、老婆心ながら再度の解説を試みた次第です。この時よりも十五年前、昭和五七（一九八二）年一一月の上越新幹線暫定開業前は、八六ページ、一二七ページに書いた通り、長岡回りの①を行く特急「はくたか」と、③の横軽、長野回りの特急「白山」が、上野 - 金沢間を分担して受け持っていました。

東北・上越新幹線の「暫定開業」についてもここでふれると、昭和五七（一九八二）年六月二三日に大宮発で東北新幹線、一一月一五日に同じく大宮発で上越新幹線が開業しましたが、最終的には「東京発」となるはずだったため、「暫定開業」とされました。その後昭和六〇（一九八五）年三月一四日に大宮 - 上野間が開通、さらに六年遅れて平成三（一九九一）年六月二〇日に上野 - 東京間が開通したのです。上野発着時代、私は東海道新幹線で東京に着き、山手線で上野に移動してから東北新幹線に乗り継ぐ両新幹線乗り換えを、経験しています。

小説　鉄の軋み

小説　鉄の軋み

その夜の軽井沢

高原の秋は、日が落ちるとともに急速に冷気がしのびよる。しかしこの夜の軽井沢駅はただならぬ熱気につつまれ、上り最終の特急『あさま38号』が発車するまで、途切れることなくシャッターを切る音や、別れを惜しむ人々の会話などが聞かれつづけた。

それらの熱気や興奮を吸いとって『あさま38号』が峠路に向けて発車すると、車内は逆に張りつめたような静寂と、多くの乗客が胸に秘めているのであろう悲しみとに、こもごも満たされているようだ。峠に向かう機関車の重い唸りが、そこにある者すべての思いを通奏低音のごとくつむぎ上げてゆく。

青木厚彦は、周囲の乗客の様子を見渡した。この列車に、始発の直江津から乗車した者、あるいは長野であり、上田や小諸であり、そして今軽井沢から乗りこんだ自分たち、その乗客たちの大半が、おそらくはこれから下らんとする峠の鉄路に、神経を集中させることだろう。

列車は左にカーブして、旧矢ヶ崎信号場の跡にさしかかる。いつの頃までであったか、左手の車窓には矢ヶ崎変電所の建物が残っていて、この碓氷峠のアプト時代の面影をとどめていた。しかし今、その場所にいにしえの記憶に結びつくものは何もなく、逆に厚彦が座っている右側の席の窓からは、明日開業する北陸新幹線の巨大な構造物が、夜目にもはっきりと見てとれる。

警笛がするどく響いて、『あさま38号』が進行する上り線と新幹線との間の下り線を、今しがた峠を上り終えて来た下りの特急列車が通り過ぎてゆく。すれ違いを終える刹那には、相手の列車の機械音がひときわ大きくなり、二輌の重厚な機関車が、列車の最後尾を引き締めている姿がうかがわれた。

「父さん、一つの時代が終わりました・・・。」

厚彦は、胸に抱えていた父の遺影に語りかけると、それを半回転させ、父の顔が列車の進行方向を向くように抱き直した。ほぼ同時に列車の傾きは急になり、ほどなくトンネルへと進入してゆく。機関車から伝わる鉄の軋みが格段に強くなったのを感じると、厚彦はかるく背もたれに体をあずけ、目を閉じた。そしてこの峠路にかけた父の生涯の思いと、昨夜から自分の身に訪れた不思議なめぐり合わせに、しみじみと感じ入るのであった。

縁

昨日、すなわち九月二九日月曜日の、ほぼ今と同じぐらいの時刻であった。宿泊したホテルのバーで、厚彦は、自分の母よりも少し若い、七十前後くらいの美しい銀髪の女性と、その孫娘の菜穂美との三人で、まるで初対面であることなど忘れたかのような親密さで、父のことを語り合っていた。

はじめ、自分に声をかけて来たのは菜穂美である。ホテルのダイニングルームで夕食を終え、ロビーに出た厚彦を待ちかまえていたかのように、二十歳ばかりとおぼしき、眸のきらきらした娘が近づいて来て、こう言ったのだ。

「あの、私・・・、吉崎菜穂美と申します。おばあちゃん、いえ祖母が、その・・・あの・・・失礼ですけど、機関士の青木勝彦さんにご関係のある方ではないでしょうか。もしも人違いでしたら、ごめんなさい。」

菜穂美は緊張した様子で一気に言い切ると、勢いよくお辞儀をした。

厚彦は、突然若い娘から話しかけられたことに、少々戸惑った。しかし相手の口から父の勝彦の名が出たことは、それほどに意外なことではなかった。それは自分が今回軽井沢へ来たことの背景に、亡き父の青春時代を偲ぶという、大きな目的があったためである。食事を終えた今も父の遺影を携えている自分に対して、未知の人物から何らかの働きかけがあろうかということは、決して考えられぬことではなかったのだ。

厚彦は、菜穂美と名のった娘のひたむきそうな目と、勇気をふりしぼって自分に声をかけたらしい、切羽つまった様子、そしてたしかに彼女が口にした、「祖母」という言葉から、直観的に父のむかしとつながるものを感じとった。

「たしかに私は、青木勝彦の長男です。厚彦と言います。・・・あなたは、吉崎さんとおっしゃいましたね。おばあさんがいらっしゃるとか・・・。少しそこへ座って、お話を聞かせていただけませんか。」

厚彦がロビーのソファーを指し示すと、菜穂美は眸をますます輝かせながら、静かに一礼し、厚彦のすすめに従った。

「すみません、突然お声をおかけしたりして。」

「いえいえ、何かご事情がおありのようですし、私の方も、今夜はすこし、物思いをしていたんです・・・。私の父と、あなたのおばあさまと、何かご縁があったんでしょうか。」

そう言いながら、厚彦の胸の中には、父が亡くなる少し前に聞かされた昔語りが去来している。厚彦の両親は、戦後、見合いでの結婚だが、大戦中に応召した父には、心中ひそかに思う相手がいた。厚彦が軽井沢へやって来たのは、父がそのことを語った際の約束で、本来は父と二人でこの思い出の地をたずね、父の若き日の思いをたどるはずであったのだが、父がほどなく急死してしまったため、一人でその約束を果たしに来たものである。

また、今日明日限りで廃止となる信越本線横川‐軽井沢間、古い言い方をすれば碓氷線と呼ぶその区間で、生涯働いた機関士であった父は、晩年口癖のように、碓氷線の最期は俺が看取ってやるのだ、と言っていた。

「はい。私の祖母は戦争中、松井田から三笠まで、毎日通っていたそうです。ある時、草軽っていうんでしょうか、祖母が軽井沢から乗って行く列車が脱線して、そのことをきっかけに、祖母は乗り合わせた国鉄の機関士さんが、好きになってしまったと言います。そしてその機関士さんのお名前が、青木勝彦さんだ、ということでした。」

菜穂美の言葉は、厚彦の心の底を激しく揺さぶった。生前、父があれほど来たがっていた軽井沢。そこで今、思いはからずも、父の望みが叶えられるのかも知れない。厚彦は言葉を慎重に選びながらも、ある親しみをこめて、菜穂美に語りかけた。

「そうですか。わかりました。実は私が今夜、ものを思っていたというのも、父のことなんです。まだ、あなたのおばあさまと私の父とが、はっきりその当人同士だったかどうかはわかりませんが、私の父も戦時中、碓氷線に乗務していて、心ひかれた乗客の女性がいたと言っていました。草軽の話も聞いていますから、おそらくは・・・。ところであなたは、お一人ではないんでしょう。もしかして今夜、そのおばあさまと、ご一緒ですか。」

菜穂美は早くも目をうるませて、涙声で返事をする。

「はい、一緒です。おばあちゃんは、お声をかけるのはよそう、って言ったんですが、私が無理に、納得させました。いま、部屋にいます。私が戻るのを、今か今かと待っているだろうと思います。」

厚彦の胸のうちにも、熱いものがこみ上げて来た。

「それでは、おばあさまにもお目にかかって、ゆっくりお話ししましょう。そこのバーが座れるかどうか、ちょっと見て来ます。もしおばあさまをお連れして、ロビーに私がいなかったら、バーの中に来て下さい。」

ふたたびお辞儀をしてから階段の方へ駆け出してゆく菜穂美の後ろ姿を見送ると、厚彦は静かにバーの扉の前に立った。心なしか、父の遺影の口もとがほころんでいるように思われた。

峠路の恋

昭和一九年の冬。前年の秋から学徒出陣が始まり、戦局の厳しさはすでに国民生活を厳しく統制するところとなっていた。国鉄も各地で次々と職員を戦地にとられ、残った者たちは皆ひとしなみに、苛酷な勤務を強いられたという。厚彦の父の勝彦も、アプト式を運転できる数少ない機関士であったから、当時の情勢から見れば比較的長く職場にとどまっている方だったが、それだけに休みらしい休みなどめったにない、ハードな毎日を送っていた。

ある日、久しぶりに貴重な非番の日があり、勝彦は母の実家のある上州三原まで、相互に必要な物品の交換に行くこととなった。あいにくその日は軽井沢でも小雪模様で、前夜の雪も残っており、ただでさえ脱線が多く、山や谷の難所を行く草軽の列車では、前途の多難が予想された。

案の定、三笠を出て幾つ目かのカーブのところで、前夜の雪が凍りついていて、そこに乗り上げた、通称カブト虫というL字型の機関車は、あっけなく脱線してしまったのだ。

草軽での脱線は、珍しいことではない。勝彦は国鉄の機関士だから、事態が気にはなったものの、はじめは余計な手出しをするべきではないと考えて、腕組みをして座っていた。しかし車外の様子をうかがっていると、この日の脱線の復旧は相当に骨の折れる仕事のようだった。凍りついた雪に乗り上げて、機関車が前後の車輪とも完全に脱線してしまっており、凍った雪を砕いて取りのけた上で、重い機関車を軌道上に復帰させなければならないから、機関士と車掌の二人では、手に負えそうにない様子が伝わって来た。

「大変そうだ、手伝いましょう。」

声をかけて客車から飛び降りてゆく勝彦のうしろに、三人ばかりの男たちがつづいた。そして機関士と車掌を励ましながら、皆で力を合わせて大奮闘し、何とか機関車をレールの上に乗せることができたのである。

車内へ戻った勝彦らは、心配そうに成り行きを見守っていた乗客たちから、拍手喝采を浴びた。勝彦自身は当然のことをしたまでだという思いから、軽く会釈だけをして元の席に腰を下ろし、目をつぶった。そして疲れも出たのか、うつらうつらと居眠りしかけたのだが、そのうちにふと、誰かに見られているような感じがしはじめ、落ち着いて寝ていることができなくなった。

ガタン、と大きく客車が揺れたはずみに薄目を開けると、通路をはさんで勝彦の右前方に座っているお下げ髪の若い娘が、急いで視線を外すところが目に入った。勝彦は、悪いことをしてしまったような気がして再び目をつぶり、今度は寝入ったふうを装う。しかし娘の熱い視線と、ちらと見た黒い大きな眸が気になって、居眠りどころではなくなった。時々、娘に気づかれぬように瞼のすき間からそっと娘の様子を見てみると、たしかに自分のことを気にしているように見受けられる。そしてはっきり観察したわけではないのだが、白い面輪の中にひときわ印象的な黒い眸と、うす紅いろの形のよい唇とが、頭の中でくっきりとした像を結び、勝彦もまた、娘に対して無関心ではいられなくなってしまったのである。

やがて列車が鶴溜（つるだまり）の駅に到着すると、娘はちょっと勝彦に目礼するようにして、下車して行った。勝彦の胸の中には、いっとき甘露を含んだような甘い疼きと、降り積んだばかりの雪のごとき娘の白い面輪の印象とが、ふたつながら残された。

翌日から、勝彦には再びアプト式機関士としての厳しい乗務の日々が待っていた。通常の二本のレールの間に敷かれたラックレール（歯軌条）の歯型と機関車側の歯車（ピニオン）を噛み合わせるという、たとえ単機でも高度な技術と集中力を要求される、難しい仕事である。ましてこの碓氷線のアプト式では、機関車は複数での仕業だったから、各機関車のタイミングを合わせるためには、機関士全員の気持ちを一つにすることが、何よりも重要だった。さらに限られた人数で、この、世界にも例のない幹線のアプト鉄道である碓氷線の全列車の運行を、全うしなければならないのだ。

前日の草軽の車中での、娘とのひとときの交情は、勝彦の心中にほのかなぬくもりと、清冽なイメージとを残したものの、安全を第一に、一瞬たりとも気をゆるめることのない乗務の日常に戻ってゆくと、それはたちまち、遠い昔のできごとのように思われはじめる。また時節なり、当局の置かれた厳しい状況なりを考えれば、甘い夢にひたることなど許されぬのも、自明のことだった。

勝彦は、かの日のことは記憶の底に押しとどめて、日々の乗務に邁進した。峠の麓の横川に浅い春がおとずれて、上り下りの乗務のうちに、季節の変化の、まさに凝縮された姿を見る頃のことだった。

ある朝、軽井沢まで下り列車の運行を終えた時、勝彦はふと、自分に注がれている視線を感じた。機関車の入れ替えがあるため、その時はあまり気にもとめなかったが、二日ほど後、今度はもっとはっきりと、自分を見つめている人影に気づいたのだ。

瞬間、勝彦の脳裏には、あの雪の日に出会った白い面輪が浮かんで来た。少しはなれた柱の陰にたたずんで、じっと自分の方を見つめているらしい、小柄な人影は、乗務中のことゆえたしかに見定めることはできないが、何よりも、勝彦の集中し研ぎ澄まされた感覚に、あの日の草軽の車中と同じ熱いものを、送って来るのである。

心なしか、勝彦の合図の声に力が入った。すると熱い視線の送り主は、今まで寄り添っていた柱からそっと手をはなし、しずかに出口の方へ向かってゆく。そのうしろ姿は、やはりあの時、鶴溜の駅で見送った、あの娘のものにほかならなかった。

この時が、勝彦が生涯の思いをこめて厚彦に語り残した峠路の恋の相手との、二度めの出会いだった。

それから数カ月。朝の軽井沢までの列車で三日に二日ほど、帰りの横川への列車では、五日のうち二日ばかり、勝彦は名前も知らぬ件(くだん)の娘の熱いまなざしを感じつつ、峠路の上り下りにいそしんだ。

名も知らず、言葉も交わさぬ仲とはいえ、日常的にお互いを意識していれば、心は通い合うものである。二人が接触するのはいつも軽井沢駅のホームだから、乗務中の勝彦には、声をかけることも、ましてや手を振ったりすることなどもできなかったが、それでも桜の咲く頃には、目が合えばにこりと笑いかけるぐらいの親しさは、生まれていた。そんな時、娘は頬を赤らめて、下を向いてしまうのが常だった。

ひそかな淡い恋。それを勝彦は、誰にも語らなかったが、どんなに疲れていても、娘の乗る列車を運ぶ時だけは、猛然と力が湧いた。そして機関車の歯車が歯軌条を噛んでゆく機械音が、楽しく頼もしく感じられ、心を躍らせる音とまで、思えて来るのであった。

勝彦にとって、この娘との恋は、人生の重要な局面を意識させるものだった。平和な時代であれば、おそらく何とか伝を頼って娘の身元をたどり当て、縁談を申しこんだことだろう。勝彦はそれほどに、恥じらいがちな可憐な娘のことを気に入っていた。

しかし勝彦には、ずっと気がかりなことがあった。いわゆる赤紙、軍からの召集令状が、いつ自分のところにも送られて来るかわからないのだ。そのことが娘への思いにブレーキをかけ、勝彦はもどかしさに苦しみながらも、朝夕のいっときのすれ違いに、ほのかな夢を託すばかりだった。

やがて五月の終わりごろ、予期していたとおり、赤紙が勝彦の手元に届けられる。勝彦は出征についてはとうに覚悟を決めていたが、娘とのことだけが心残りだった。最後の乗務の日に、せめてひと言、声をかけようと思ったが、あいにく前日に同僚が過労で倒れてしまい、その分の乗務をも受け持った結果、普段なら娘と乗り合わせるはずの朝の下り列車に、乗務することができなかった。

その日の朝、勝彦は軽井沢発七時二分の上り314列車に乗務して、峠を下って来た。アプト式単線時代の碓氷線は、峠のほぼ中間に位置する熊ノ平のほか、峠の下と上とで変電所の置かれた丸山と矢ヶ崎にも信号場があり、上下列車の交換が行なわれた。あるいは今日が生涯最後の乗務になるかも知れぬという緊張と哀感につつまれる勝彦には、いま一つ、今日こそ思いを打ち明け、別れを済まそうと考えていたあの娘と、とうとう会えずじまいになってしまうことへのさびしさがあふれていた。

もちろん、それが乗務に障ることなどあり得ない、鍛え抜かれたプロの機関士の勝彦だ。片時も気をゆるめることなく、慎重に最急勾配66・7パーミルの峠を下って来たのだが、それだけにアプト式の急勾配から解放される丸山信号場まで下り切ると、張りつめた緊張の糸が一気にほつれるような疲労と脱力感とが、全身を襲った。休みなく列車を預かりつづけて来たその疲れも、ピークに達していたのだろう。

その時である。ポーッと汽笛を鳴らし、すでに待機していた下り列車、横川発七時三五分の長岡行き315列車が、上りの峠に向かって発車する。勝彦は、はっとわれに返った。この列車こそ、本当ならこの日自分が乗るはずであり、娘が毎朝軽井沢まで乗車してゆく、あの列車である。これから苦しい峠越えに向かう列車は、ゆっくりと前進しながら、アプトの歯車を一つずつしっかりと噛み合わせてゆく。そして勝彦には耳慣れた機械音をひびかせて、ゆっくりと上りの急勾配に挑みはじめた。

勝彦の胸の中を、一陣の風が吹きぬける。雪の日の出会い、軽井沢駅でいつも自分を見つめていた黒い眸、恥ずかしそうにうつむいて紅く染まる頬、それらの想い出が一瞬にきらめいて、身を切られるようなせつない思いにかられた後、のこったのは、さわやかな初夏の高原をわたってゆく風のごとき、晴れやかな思いだった。勝彦は、安全確認の掛け声にひときわ強く力をこめ、心の中で、315列車と娘の行く先の無事を祈った。

出征を翌々日に控え、勝彦のその日の乗務は軽井沢までもう一往復の受け持ちだった。その最後の列車、軽井沢発一〇時二二分の上野行き318列車は、熊ノ平で下り長岡行き319列車と交換する。ふたたびの下り列車との行き違いに、勝彦は否応なく、朝の丸山での行き違いを思い出した。せめてひと声、別れの思いだけでも伝えたいという衝動から、自ずと力が入ってしまった一幕だったが、すでに峠を上りはじめていた列車の乗客に、その声が届こうはずもない。今生の見おさめかも知れぬ熊ノ平は、今まさに新緑の時を迎えており、樹々の若葉は午前の日ざしをきらきらと照り返し、しんと静まり返った沢すじのどこかから、ほろほろとカジカの声が聞こえていた。

勝彦はこの時、自らの青春の終りを実感した。そして、どうか娘が戦火に巻きこまれることなく、幸福な人生を送れるようにと、それをばかりを祈りながら、静かに郷里を離れて出征して行ったのである。

終戦後、二一年の秋に復員した勝彦は、すぐに碓氷線の職場に復帰した。はじめのうちは、あるいはあの娘がまだ峠越えの列車に乗っているのではないかという、淡い期待を抱きもしたが、かつて心をふるわせてくれた熱いまなざしに触れることは、二度となかった。やがてある時、横川駅の助役から、件の娘とおぼしき人物が自分の消息をたずね、落胆して東京へと去って行ったことを聞かされる。敗戦後一年あまり、すべての人々が生きてゆくことだけに必死の時である。名前も素性も知らぬ娘を、広い東京でさがし当てるすべはない。勝彦は、ただ娘が無事に生きのびてくれたことだけを喜びとして、すべてをあきらめた。

アプト旧線跡　通称めがね橋

邂逅

菜穂美の目から、大粒の涙がこぼれ落ちる。厚彦が父から聞かされた峠路の恋の物語り、その相手の可憐な娘は、まぎれもなく、今厚彦の前に座っている、菜穂美の祖母だった。孫娘の菜穂美がそのまま受け継いだかと思われるような黒い眸は、今もきれいに澄みとおって瑞々しく、なるほど父の心をとらえたのはこのまなざしであったかと、厚彦は感じ入ってしまう。

「五十一年前、父はどんなにか、あなたにお会いしたかったことでしょう。・・・父の最後の願いだったと思います。よろしかったら、父にあなたのお名前を教えてやっていただけませんか。」

厚彦の言葉は短いが、そのまま父の勝彦の、心底からの思いを代弁していた。さらに五十三年前の出征の際、父は彼女に、叶うならばこう語りかけたかったに違いない。

〈今日まで毎日、僕のことを勇気づけてくれて、ありがとう。君が見ていてくれることで、君が列車に乗っていることで、僕はどんなに力づけられ、助けられたか・・・。僕は今日、この碓氷線を去って、戦地に行かなければならない。でも僕はどこにいても、いつでもきっと、君の幸せだけを、願っています。・・・ひとつだけ、教えてくれませんか。君の・・・君の名前を・・・。〉

厚彦が口にした言葉と、その底に流れる勝彦の深い思いとを、相手はしっかりと受け止めたようだった。厚彦が差し出した遺影を押しいただくように受けとると、その人は、しばらく勝彦の面ざしに見入ったのち、涙ながらに語りかける。

「君子です。早川君子でございます。・・・ずっとお慕いしておりましたのよ。」

運命とは、何と残酷なものであろう。厚彦は、思わず天井を仰いだ。もしも父の出征前に、二人の間でこの会話が成立していたならば、君子というこの女性は、たとえ東京に居を移したにせよ、父の帰りを待ちつづけたことだろう。出征前の乗務にしろ、復員の時期にしろ、わずかなめぐり合わせのずれのために、心の底から慕い合っていた二人の男女は、互いにそのことを知らぬまま、別々の人生を歩むほかなかったのだ。

そしてまた、父がもう半年と少し、元気でいられれば、今日この場所で、自分ではなく、五十数年の時を隔てた当人たちが、あるいはお互いの手を握り、それぞれの人生をいつくしみ合うことができたかも知れない。

厚彦はこのとき、早すぎた父の死を、返す返すもったいないことだと思い、そんなふうに思う自分自身を、不思議に感じた。

今、父のことを自分と語り合っている君子は、自分の母よりも前に、父が愛した女性である。さいぜん自分の心にきざしたように、もしこの人と父との恋が成就していれば、父と母とは出会うことがなく、したがって、自分も生を受けることはなかったことになる。また母にしてみれば、知り合う前の父に、こんなにも慕い合った相手がいたということは、それがいかに昔日の、清らかなはかない恋だったとは言っても、心おだやかに聞き流せる類いの話ではあるまい。

しかし君子と話しているうちに、厚彦は、そうした現実的な解釈やたてまえなどを、すっかり忘れてしまっていた。いや忘れるというよりは、自分自身が父の勝彦になりかわってしまったと言う方が、いいかも知れない。それか知らぬか、母と大して違わぬ年齢の君子と語り合いながら、厚彦はほのかな胸のときめきすら覚え、悠然たる時を刻む古いバーの一隅で、自分と君子、そして菜穂美の三人が、特別な縁で結ばれた同胞（はらから）のように感じられていたのである。

君子は、幾度か涙をこぼしたり、嗚咽をもらしたりはしたものの、厚彦と語り合いながら、大方は毅然としていた。勝彦と出会った当時、松井田の親類の家に寄寓していた君子は、三笠にある華族の別荘へ、半分行儀見習いのお手伝いとして通っており、碓氷線での通いの日常の中で、勝彦との恋を知ったという。戦後は華族の没落とともに勤め口がなくなり、勝彦のことを気にかけながらも、東京の親元へ戻って生きるほかに、道はなかった。横川駅の助役に勝彦の消息をたずねたのはたしかに自分だ、と語る時、君子の双眸は、はるかかなたの一点を見つめているようだった。もしもあの時、という思いは、君子にこそひとしおのものがあるに違いない。だが君子は、父の死をもったいないと嘆く厚彦に対して、かえって慰めるような口調となり、それもまた縁であって、致し方のないことだったという諦念までをも口にした。

その君子の言葉で、厚彦はわれに返った。酒の酔いではない。例えるなら父の心が自分に宿っていたと言ってもおかしくない、時間と縁の不可思議に酔っていたかのごときたまゆらを振り返って、厚彦はわれ知らず、こんな言葉をつぶやいていた。

「邂逅（かいこう）、という言葉があります。残念ながら、父は今日ここへ来ることができませんでした。けれども父のたましいは、あなたのお心を知り、安らかな思いに満たされていることでしょう。偶然、ほんとうに偶然、めぐり合えてよかった・・・。」

そして厚彦は、今度は菜穂美に語りかける。

「菜穂美さん、こうしてお話ができたのは、みんな君のおかげですね。心からお礼を言います。ありがとう。」

菜穂美は少しはにかんだ様子で、しかし落ち着いていて、言葉を返す。

「いえ、私の方こそありがとうございました。私、人と人とがこんなに思い合うことがあるなんて、知りませんでした。もちろん悲しい恋なんですけど、でも、こんなにすてきな・・・私も高校の時、大好きな国語の先生に教わりました。邂逅、偶然の出会い・・・とてもいい言葉ですね。」

そしてしばらく涙ぐんだ菜穂美は、今度は祖母の君子に向かって言葉をつづける。

「おばあちゃん、今夜たしかに、二人の心は出会うことができたのね。おばあちゃんと、おばあちゃんが大好きだった、厚彦さんのお父様の勝彦さんの、二人の心は・・・。」

君子は感に堪えたように菜穂美の顔を見つめ、そして厚彦の方に向き直って、こう言った。

「五十何年、わたくしもお父様も、それぞれの人生を精一杯生きながら、きっとどこかで、あの頃のことを思いつづけていたんだと思いますわ。こんなことって、あるものなのね。わたくしは自分の一生に、後悔なんかしていません。きっとお父様もそうでしょう。でもお父様とわたくしに、もう一つの人生があったとしたら・・・いいえ、わたくしたちのあの頃の、心の底に秘めた思いは、今日、ほんとうに今日、しっかりと結ばれました。ありがとう、厚彦さん。ありがとう菜穂美ちゃん。」

秋の夜がふけてゆく。一つの思いをともにする三人に、言葉はなかった。カクテルを振る年配のバーテンダーの洗練された動きだけが、その場に似つかわしいアクセントを添えていた。

森の小径

高原の朝は早い。古く浅間根越しと呼ばれた追分から沓掛（くつかけ）、軽井沢にかけての中山道すじの浅間南麓は、晴天に恵まれ、森の中にたたずむ古いホテルも、小鳥のさえずりや虫たちの声音につつまれて、この日を迎えた。

朝食どきのにぎわいが去った後、ホテルの一階にあるラウンジのテラスでは、君子と厚彦が向かい合っていた。これは君子のたっての望みで、若き日のひそかな憧れとして、勝彦とここでお茶を飲むのが夢だった、その願いを厚彦に叶えてもらったものである。

「今日でいよいよ、最後ですわね。」

「はい、たしかに今日、碓氷線との永遠の別れがやって来ます。」

「お父様とわたくしが知り合って五十何年。碓氷線はたしか、百四年でしたかしら。わたくしたちの年月の倍も長い間、碓氷線はたくさんの人たちを運びつづけて来たんですのね。そしてお父様は、いつでも安全に、わたくしたちを運んで下さった機関士さんたちの中のおひとり・・・。」

君子は遠くを見た。手に持った紅茶のカップが、かすかに揺れている。厚彦が、静かに君子の言葉を引き取った。

「親父たちの年代は、アプト式とロクサンと、両方に乗りました。そのことを、親父は死ぬまで誇りにしていたんです。自分たちの時代に旅客営業列車では一切死傷者を出さなかったことともに。」

君子がうなずく。

「機関車に乗ってお出での時のお父様は、それはもう、凛々しい、きびしいお顔をなさってました。そんなお父様を見て、わたくしは生まれてはじめて、男の方を好きになりましたの。なつかしいわ。」

「そんなに言っていただいて、親父も大喜びでしょう。そう言えば親父は仲間うちでは、本名の勝彦のほかに、『アオカツ』とも呼ばれていたそうです。」

君子の表情が、ぱっと明るくなる。

「それはきっと、『ハイカツ』さんから来ているのよ。ご存じかしら、灰田勝彦さんっていう歌い手さん。お父様はたしかに、灰田さんによく似てらしたわ。」

厚彦も、碓氷線の話題で深刻そうになっていた表情をほころばせる。

「ええ、そのようですね。親父も灰田さんに似ていると言われるのが嬉しかったらしく、レコードも何枚か持っていました。私が小学生の頃は、親父はよく非番の日にキャッチボールをしてくれましたし、何曲か、灰田さんの歌も歌えたと思います。ただどうしても裏声だけは出ないと言って、それが悔しそうでした。」

「あら、それはお父様がお歌いになるのを、ぜひ一度お聴きしたかったわ。」

君子と厚彦は、すっかり打ちとけて語り合っていた。菜穂美はこの時、旧軽銀座あたりへ買い物をかねた散歩に出ている。買い物というのは実は口実で、君子と厚彦を二人きりにさせようという、菜穂美なりの配慮だった。

「菜穂美さん、いいお嬢さんですね。私の娘とは大違いです。」

「まあ、そんなこと。娘さんはおいくつでいらっしゃいますか。」

「十七と十五です。私が三十近くなって結婚したものですから。」

「あら、これからが花盛りじゃありませんか。わたくしたちの時代は・・・いえ、そうそう、『森の小径』っていう歌、ご存じかしら、灰田さんの。」

「ええ、親父も大好きな歌でした。美しい、そしてはかない歌のように記憶しています。」

「わたくしとお父様の間柄も、あの歌のように、いっときの淡い夢みたいなものだったのかも知れませんわ・・・。でもわたくしたちは、幸せなほう。あの戦争を生きのびて、それぞれに結婚もし、跡つぎだってできたんですから。そして思いもかけず、こんなふうに、あの頃のお互いの心も確かめることができました。少なくともわたくしは、これ以上のことを望む気持ちはありませんわ。思い残すことがないとまで言ってしまうと、嘘になりますけど。」

君子は微笑んだ。厚彦も、言葉に力をこめる。

「そうですよ。どうか親父の分までも、いつまでも長生きなさって、親父のことを覚えていてやって下さい。お願いします。」

君子は満足そうな笑みを浮かべ、紅茶を口に含んだ。厚彦もそれ以上は何も言わず、二人はしばらく黙って向かい合っていた。秋の高い空を急ぎ足で雲が流れ、時に激しい噴火を起こしながら悠久の時を刻んで来た浅間山は、この朝は穏やかな表情で、山麓の人々の営みを見守っているようだった。

『あさま38号』は、車輪や連結器をぎしぎしと軋ませ、EF63形電気機関車特有のブロワー音を唸らせながら、上り線の碓氷第11トンネルを下ってゆく。アプト式の時代はピニオンとラックレールの噛み合う音、そして今日までの三十四年間、この峠の上り下りの重責を担って来たEF63愛称ロクサンでは、一輌ごとに特色のあるブロワー音が、そのままこの碓氷峠の代名詞のようなものだった。

厚彦の胸の中を、さまざまな思いが去来する。昼の特急で君子と菜穂美を見送った後、夕刻からは軽井沢の駅前で、父の昔の仲間たちと、古き良き日を語り合う席を持った。

その中には、かつて草軽で「カブト虫」を運転していた古老もいた。老人は、厚彦が父と君子の出会いとなった脱線事故のことを問うてみると、遠い記憶を呼び醒ますように、幾度もうなずきながらつぶやいた。

「わしはその場におったわけではないが、確かにそんなことがあったように聞いたことがある。国鉄の若いアプトの機関士が、復旧を手伝ってくれたとな・・・。」

また、父の後輩で、ほぼ同期間父とともに碓氷線に乗務していた田中という人は、厚彦も昔から顔なじみだったのだが、君子の件を聞くと感じ入ったようにこう言った。

「勝彦さんのきびきびとした掛け声は、私らにとっても印象的でした。そりゃあわれわれ機関士で、気の抜けた声を出す者はおらんが、何と言っても勝彦さんは、声の出て来る場所が違うようだった。さすがアオカツさんだなんて、皆で冗談を言い合ったこともある。私もとんと気づかなんだが、若い娘さんが惚れなさったというのもうなずける話です。」

父の世代の仲間たちは、やはり父と同じように、碓氷線の廃止を悲しんでいた。その思いは、父の心をそっくり受け継いだと言っていい今の厚彦には、そのまま己れの悲しみとして共有できるものだった。

列車は峠を下る。厚彦の脳裏に、かつて父から聞いた言葉の数々がよみがえって来た。

〈トンネルの中は孤独だ。頼れるものは自分の五感と技術、それに自分の乗っている愛機だけでしかない。〉

〈旧線の２６号トンネルに矢ヶ崎から入る時、その手前の歯軌条への入り口が、一番怖かった。歯軌条に入るときは常に緊張したが、これから急勾配の下りトンネルにかかる矢ヶ崎の入り口の感覚は、特別なものだった。〉

〈２６号トンネルや新線の碓氷１１トンネルに入るときは、奈落の底に引きこまれてゆく思いだった。まるで真下にあるかのように、ぽつんとトンネルの出口が見えている。はるか下方に地底湖が見えていて、そこへ下りてゆく気分だった。〉

〈上るのも難儀だが、やはり怖ろしいのは下り勾配だ。たとえ峠を上っているときでも、列車が停止してしまい、逆送して勾配を下りはじめると、大事故につながる。明治・大正期にあった事故のことは先輩たちから繰り返したたきこまれ、峠を上り下りする間じゅう、意識の中から消えたことはない。〉

これらの言葉を反芻していて、厚彦はふいに、今朝方の君子の言葉を思い出した。

「・・・お父様は、いつでも安全に、わたくしたちを運んで下さった・・・」

安全。まさにその二文字のために、当時の鉄道界の叡智と技術の限りを尽くし、そしてまた現場を預かる幾多の職員たちが力の限りを尽くして来た、この碓氷線なのだ。厚彦は、その特筆すべき歴史の一端に父を介して連なる自分を、誇りに思った。

列車は熊ノ平まで、下って来ていた。おそらく父は、ここを通る折り折りに、胸を痛めたことだろう。理由のひとつは、国鉄職員とその家族、あわせて五十名にもおよぶ犠牲者を出した昭和二五年の土砂災害、「熊ノ平殉難」である。当時まだ幼かった厚彦に直接の記憶はないのだが、長ずるにつれ両親の会話などから聞き知った惨状には、子ども心にも疼くような胸の痛みを覚えたものである。そして自身が家族を持つ今、厚彦は改めて、職員の家族までもが犠牲となった災害の痛ましさに頭を垂れ、手を合わせた。

そして今ひとつ。この熊ノ平で、若き日の父は、はかない恋と自らの青春に、ピリオドを打った。そのことを思うと、息子ながらに、父の心が切なく感じられてならない。

今日の昼、軽井沢の駅で見送った、君子と菜穂美の姿が思い出される。君子も別れぎわには、涙を幾すじも流していた。菜穂美の眸のきらめきや頬のまろやかさは、むかし父が愛した君子のすがたそのままであったろう。自分が二人に会えたことで、父の思いは報われたと言えるだろうが、やはり父自身が会えたなら、喜びもひとしおだったに違いない。

厚彦は、自分にとっても生涯忘れえぬ邂逅となった、君子たちとの昨日と今日をふり返りつつ、いつしか心の中で父に語りかけていた。

「父さん。父さんが好きだった君子さんに、お会いしましたよ。きれいな孫娘さんを連れて、父さんに会いに来ておられました。僕がかわりにお会いして、父さんの気持ちを伝えました。よかったですね、父さん。君子さんも、ずっと父さんのことを、想って下さっていたそうです。・・・人生のめぐり合わせは、本当に不可解です。でもこれでよかったんですよね、父さん。君子さんは、父さんがこの碓氷線でもっとも心を砕いていた『安全に』ということを、ちゃんとわかっていて下さいましたよ・・・。」

気がつくと、車内の乗客たちの幾組かが、声を押し殺すようにして、碓氷線にまつわる思い出を語り合っているようだ。思い出と言えば、今、この列車は、碓氷線百四年分の思い出をつむぎながら、最後の轍（わだち）を踏んでいる。ロクサンが押しとどめる列車の重さに、ここを行き交った人々のさまざまな思いの深さが加わって、長い歩みの締めくくりの一歩ずつを、鉄の軋みとともに踏みしめているのである。

幾多の出会いがあった。そして幾多の別れがあった。父と君子も、その中の一組である。いったいどれほどの人々が、この峠の上り下りの毎日に涙し、あるいは歓喜したことだろう。また建設当初約五百名に及ぶ犠牲者を出し、さらには蒸気時代に煙害で苦しんだ機関手や火夫、トンネル番など、多大な犠牲と労苦の上に、碓氷線は成り立って来たのである。

下りの重圧から解き放たれると、丸山である。ほどける緊張とともに、言葉にならないさびしさが、厚彦の全身をつらぬいてゆく。まならに父の笑顔が浮かんだ。

峠にレールがある限り、いつか新しい峠の物語が、生まれるのかも知れぬ。しかし碓氷線、信越本線横軽の苦難と哀歓の日々は、二度と戻らない。それが歴史というものだ。厚彦は、ふところからウイスキーの小瓶をとり出して、父と最後の乾杯をした。

平成九年九月三〇日、二一時一八分。『あさま38号』は、定刻通りに横川駅に到着した。数え切れぬカメラのフラッシュが四方から列車を取り囲む中、静かにロクサンが切り離される。もの言わぬ機関車のいつも通りの足音だけが夜空に響いて、碓氷線百四年間の長い歴史が、今ひっそりと幕を閉じた。

初出『ノスタルジックトレイン』No.3　芸文社　二〇〇九年一一月一〇日発行
平成二六（二〇一四）年一〇月一日　電子書籍版発行

さらば急行「能登」

さらば急行「能登」

※言問学舎ホームページに連載したものです

一　上野駅にて

今年（平成二二年／二〇一〇年）の冬は、三月限りで廃止となる北陸本線金沢行きの「北陸」「能登」が話題でしたね（「能登」は季節列車としてしばらく残ることに）。二月の雪の夜（降雪は上越線沼田以北）、「能登」で糸魚川（いといがわ）まで行って来ました。

ご覧の通り、廃止一ケ月前と言うのに、「北陸」の発車する13番ホームは昨今言うところの「撮り鉄」で一杯（中扉の写真）。私は手前の「能登」を待つ16番ホームにいたわけですが、もちろん「能登」の入線時には、こちらも同じ状態になりました。

「北陸」の車輌の1号車のラインは白、2号車のラインは、白ではなくゴールドです。「北陸」にはこのラインの入った車輌が多くありました。改めて時刻表を見直してみると、八輌編成中四輌が、該当したようです。さて、このラインの違いは、何を意味しているのでしょうか。

機関車と連結されている8号車を見てみると、こちらもラインは白です。ところで先ほどから、「ライン」とか「ゴールド」とか書いているので、気になった方もあるかと思います。専門的、もしくはマニア的には、「白帯」「金帯」と言っているものですね。

実は連載開始早々であり、かつ「塾」のホームページから入る方が多いと考えて、より多くの人にわかりやすい言い方に、ちょっとこだわりました。また私の年齢では（来年四回目の年男〜十四年前の文章です）、「帯」という言葉に、グリーン車のマーク化前の太い帯の印象が強く、その意味でもアクセントをつけたかったという背景があります。

特急「北陸」　金帯と白帯

さて、それはともかく、「白」と「金」の区別について、解答を発表します（いわゆる「鉄」のみなさんには、”問題”にさえなっていなかったと思いますが・・・）。「白」は普通の二段式寝台のB寝台、「金」は一輌がA個室寝台、三輌がB個室寝台「ソロ」でした。八輌編成中に個室寝台が四輌も連結されていたとは、何ともぜいたくな寝台列車でしたね、「北陸」は。

また、ここで「八輌とはずいぶん短い、さびしい」もしくは「ぜいたくといっても食堂車がないんじゃやね」などと思われた方、古き良き時代を知る筋金入りの鉄道ファンかと思います。お楽しみいただければうれしいです。どうぞ今後ともご贔屓（ひいき）に・・・。

二　喧騒と静寂

さて、「能登」の入線時には、これまたホームの端までものすごい人だかりとなりました。駅員がヒステリックに、「白線まで下がって下さい！」と怒鳴っています。

古き良き昭和の鉄道を振り返る「ノスタルジックトレイン」という雑誌にかかわったので、往時の国鉄の鷹揚さを聞き知るにつけ、いまのＪＲの「固さ」に物思うところがないではないのですが、それにしても昨今の「〇〇鉄」各種のモラル低下ぶりには呆れることもあり、職員諸氏の気持ちもわからなくはない、と思ってしまいます。

発車十五分前には、グリーン車も満席となりました。トイレに行く時のことを考えて、ビールは少なめにしてあります。普段は妻と二人連れだから、さして気にすることはないのですが、満席の二人掛けでは、そうおいそれと隣の人の足をまたいでトイレに行くわけにもいきません。

この列車は、489系で運転されています。『白山』として碓氷峠を越えていた編成です。十数年前、開業まもないほくほく線の『はくたか』で高岡へ向かった時、直江津を発車したところで、左手から信越の山を下りてきた白山色を見た印象が、いまも鮮烈に脳裏に残っています。

「能登」サロ４８９－２５室内

また碓氷峠と言えば、交流区間に入らない189系の一部には、グリーン車三列席（つまり片側は一人掛けの、「グレードアップあずさ」あたりから始まったやつです）も存在しました。無い物ねだりではありますが、もしこの車輌が一人掛けなら、好きなだけビールが飲めるのに、と思ってしまいますね。

ただそうしたら、明朝下車する時がきわめて危険です。朝五時一分に泊（とまり）に着いて、折り返し五時八分発の急行「きたぐに」で糸魚川へ戻る予定にしてあるのです。

あまり飲みすぎたら、雪が凍りついていそうな泊駅の階段が危ないし、あるいは富山、金沢まで乗りっ放し、などということにもなりかねません（実は経験者、それも若山牧水ばりの）。今日はこれでちょうどいいのかな。今ではノスタルジーそのものと言っていい489系のモケットに身を沈めて、胸の中でつぶやきました。

三　トンネルの中の駅

かつて言問学舎で発行していた教育情報紙『言問だより』の初期の号にも、「漂情先生ひとり旅」や「旅で出会った人・もの・宿」などのコラムを載せていますが、昔から旅が好きです。第四歌集『奇魂・碧魂』の中には、「旅は私のいのちである」という意味のことを書いていますが、同書の作品の執筆期間である三二歳の時に、国内の全都道府県を歩きおおせた記念の意味を含んでのことでした。

「塾」の仕事を始めてから、旅にはあまり行けません。が、教師のこころにゆとりと温もりが必要なように、このホームページも、つねにいくぶんのうるおいを含んでいる方が、より子どもたちのためになるでしょう。

そんなわけで、わずかずつではありますが、旅と、その際に欠かせない「足」であり「友」である鉄道にまつわる文章と写真など、ご紹介していきたいと思います。

急行「能登」との（乗れるわけではありませんが、特急「北陸」とも）お別れの乗車、ということは、この二月という時期を考えれば、それは雪国への旅と同じ意味です。雪国、とりわけ新潟は、むかし（会社員の頃）仕事で三年ほど回っていたことがあり、なじみ深く、愛着の深い土地でもあります。

また、ずっと以前から、上越線の水上界隈（みなかみかいわい）が好きでした。学生時代には、越後湯沢での（石打だったかも知れません）スキー合宿から抜け出して、土合（どあい）の駅をたずねたこともあります。渋川あたりも好きですし、新前橋にも格別の思い出があり、「能登」でのこの旅程、当初から寝入ってしまうつもりはないのでした。

結局、熊谷と高崎の間で隣の人がトイレに立ったので、私もトイレに行き、そのあと高崎駅の深夜の様子に目を凝らしながら（碓氷峠〜横川へ行く乗り換えを、何度したことか）、「渋川まで寝ないで頑張ろう」と思い、吾妻（あがつま）線の分岐を左側（反対側）の暗い車窓に見送って、浅い眠りに落ちたのです。

目を覚ましたのは、沼田の手前でした（つまり、ほとんど寝ていません）。一応、眠っていたのですが、遠くで「えふっ、えふっ」と苦しそうなうめき声がしているように思い、ぼんやり目を開けると、左側の三列先の窓側の男の人が、夢でも見ているらしく、さかんに腕をふりまわしているのでした。隣の通路側の席の人が、迷惑そうによけています。さらに咳きこんでいるのか、うめいているのか、夢の中で聞いた「えふっ、えふっ、えふっ・・・・・」が繰り返されます。隣の人は本当に迷惑そう。そう言えば、上野で発車を待っている時、窓側の男が通路へ出入りするのを、あの通路側の人は快く通してあげていたな・・・。それを思い出し、なおのこと通路側の人が気の毒に思えてなりませんでした。周りの席の人も、「えふっ、えふっ」が出るたびに、「うるせえな」などとささやいていますが、当のご本人はまったく気づいていません。もしかするともう二度と乗ることがないかも知れない夜行座席列車の、何とも言いようのないエピソードではありました。

沼田を過ぎて、たぶん上牧(かみもく)の駅と思われるあたりでは、もう雪がしっかり積もっていました。とはいえ、十センチ前後引き込み線の周りに積もっているのが見受けられるくらい、まだ「豪雪地帯」ではありません。水上の駅まで到達すると、吹雪とは言わないまでも、かなり雪が舞っています。いよいよ峠越えに挑むという、この水上駅のまとっている厳しさが、身に迫ります（何しろ碓氷峠に次いで昭和六年／一九三一年には、清水トンネル開通と同時に電化された歴史を持つ区間です）。

水上までは、D51牽引の季節列車などで何度か来ているものの、水上以遠に在来線で行くのは久しぶりです。やはり新清水トンネルに入ってすぐの湯檜曽(ゆびそ)駅、また最深部のイメージがある土合駅は、見逃せません。大学に入り、はじめて電車で越後湯沢に行った時は（たしか急行「よねやま」

でした）、「トンネルの中に駅がある」ことを知らずにいたため、湯檜曽はもとより土合駅の存在に、心底驚かされたものでした。

現在の湯檜曽駅は、下り線が新清水トンネルに入ってすぐのところにホームが設けられており、上り線はその外側にホームもろとも並行していますから、さほど特殊な構造の駅には見えません。ただし昭和四二（一九六七）年に大きな移設が行われるまでは、ループ線の上の方に駅があり（上り線が土合方からループで下りはじめる手前、眼下に現湯檜曽駅を見るあたり）、歴史としては十分に興味深いものがあります。余談ですがこの旧湯檜曽駅のたたずまいを確認したのは、新潟からの帰途、ちょうど長野オリンピックで、原田選手が大ジャンプをした日のことでした。

そして土合駅は、上り線は清水トンネルを出てきた地上部にホームがあり、駅舎等の設備もすべてここに作られています。下り線だけが新清水トンネルの壁面にへばりついたようなホームで、地上部から五百段近い階段を下りてたどりつく構造になっています。そのため昔の時刻表の上越線下りのページには、「土合駅の改札は、下り線に限り発車十分前に打ち切ります」という注意書きが添えられていました。

そんなことをなつかしく思い返しながら注意深く車窓を眺めていると（座席が右側だったのがありがたい、土合駅下りホームは進行方向右側にあるのです）、真っ暗闇のトンネルの行く手が少しだけ明るくなって、二十何年ぶりに見る駅のホームが姿をあらわしました。ただホームの長さ全部にわたってネットがかけられており、何かの工事中のようです。

ともあれ上越在来線下りの必見スポットを堪能すると、ふたたびトンネルの真闇が車窓を占めることとなりました。つぎに視野がひらけた時には、そこはもう「雪国」です。

※参照　小学館『国鉄全線各駅停車⑤中央・上信越４４０駅』
　　　　芸文社『ノスタルジックトレインNo．３』

四　雪国

上越国境（上州＝群馬県と越後＝新潟県の県境）を、鉄道の在来線では清水へ向かう清水街道沿いのトンネル（在来線上越線の下りが新清水トンネル、上り線が最初にできた清水トンネル）を、国道17号線は三国峠を、また上越新幹線と関越自動車道は大清水トンネル、関越トンネルでその中ほどの谷川岳西方を、それぞれ越えて（物理的にはみな潜り抜けて）行きます。

若い頃、水上あたりからこの上越国境越えの風情にいたく心を動かされたゆかりがあったものか、新潟通いの三年間が私の三十代半ばの日を彩りました。

鉄道、特にこの上越線で新潟県に入る道すじは、川端康成の『雪国』の描写を措いて語ることができませんね。みなさんよくご存じのことでしょう。
・・・国境の長いトンネルを抜けると、雪国であった。夜の底が白くなった。・・・

上越国境、清水トンネル（あるいは関越トンネル）を越えて雪の越後（新潟県）に入る時、その変化を、これほどに言い得た描写はないかと思います。雪の季節、どのように上越国境を越えた時でも、その時々の実感はまさにこの通りのものでした（ただし、「現在」を描く視点を重視する立場を考慮するなら、この清水トンネルでの国境越えは、まさに清水トンネルの開通から間もない頃であったために鮮烈なものだったのであり、それ以前の三国峠越えでは感得されることのない、新しい感覚でもあったのでしょう）。

この区間は、上下線がそれぞれにその時点での最善の方法で、峠をクリアしています。従って、上下が分かれていることはもちろん、片やループ線（松川ループ）、こなた新清水トンネルに新松川トンネルといったかたちで、ＣＧなどで立体的線形を図示したら、さぞや興味深い映像が見られるだろうと思います。関越道でちらちらと線路の様子をうかがいながら走った時も、わくわくする気持ちをおさえることができませんでした。

夜の底が白くなる。まさにその通りの感覚です。トンネルを出ると土樽（つちたる）ですが、正直なところこの駅は、通過する列車よりは関越道からの方が、そのたたずまいがよくわかります。その次が越後中里。ここは中線式の待避線がある旧急行停車駅で、はじめて「よねやま」に乗った時も、停車した覚えがあります。

岩原スキー場前駅を過ぎ、越後湯沢駅。「能登」ではこの越後湯沢を含め、高崎からあとの駅はすべて通過です。はじめてこの越後湯沢に来たのは、昭和五七（一九八二）年二月、大学一年生の時でした。

上越新幹線は、すでに大半の工事を終えており、その年の一一月に開業しました（大宮駅発着の「暫定開業」。ちなみにその「暫定」も、東北新幹線が同年六月の先行開業です）。だからこの時、新幹線の設備はもうすべて出来上がっていたのですが、それでも営業列車は在来線の上越線のみでした。

雪が深く降りつもった深夜の越後湯沢駅を、かつての上越線の花形特急列車「とき」（161系→181系）ともゆかり浅からぬ489系特急型電車で通過する感覚は、往年の在来線での越後入りを思わせるものでした。

その前年の夏には、金沢から特急「はくたか」で、おなじ線上を帰京したこともありました。上野‐金沢間を、信越線碓氷峠経由が「白山」、上越線長岡・越後湯沢経由が「はくたか」として、分けていた頃です。

私の経験だけで考えても、あれから三十年にもなろうとしています。残念ながら、「能登」や「北陸」との別れの時が来ているのも、仕方のないことなのかも知れません。

指定券を求めるにあたって、進行方向右側、左側の別には、こだわりませんでした。どちら側にも思い出があり、偶然性を優先することで、より多くの可能性を持つ「能登」との別れの時を得たいと思ったためです。

もちろん、たとえば羽越本線で「笹川流れ」を見たい時などは、下りなら左側と指定します。今はどこの駅でも快く対応してくれるので、遠慮のために指定しなかったわけではありません。

ただ結果として、右側に座ることとなったので、ひとつ楽しみができました。すれ違う寝台特急を、見落とすことなくチェックできることです（長岡からは逆になりますが、たぶん長岡前後でほとんどすれ違うことになりそうです）。

深夜のことで、越後湯沢以降、すべての通過駅の所在（駅名まで）を確認することはできません。町に見覚えのある六日町がまだだから、ここは塩沢かな、大沢かな、などと、思いをめぐらせていた時でした。

短い警笛と共に、ヘッドライトを輝かせた電気機関車とすれ違います。つづいて青い客車の車体がこちらの車窓を占め、私は心の中でつぶやきました。「今のは『あけぼの』かな。朝になったらよく調べてみよう。」

取材をして記事を書くのが目的なら、時刻表をすぐチェックして、「何時何分、○○駅付近にて『△△』とすれ違い」とノートに記すところでしょう。けれども今日はビールこそ少な目ながら、「能登」や「北陸」との別れを惜しむ旅ですから、時刻表も鞄の中にしまったままです。ただ雪の深夜、最初に行き会った寝台特急の印象は、やはり鮮烈なものでした。

新幹線との接続駅は、手前から高架線が接近するので、深夜といえどもわかりやすいです。近くのホテルに何度か泊まったこともあるため、浦佐駅はすぐわかりました。ところが小出（こいで）や越後川口は、意外とわかりにくいのです。単線の分岐・合流では、夜間である上に積雪も視界をさえぎるため、なかなか判断できません。それでも右側に只見線を見送る小出駅、飯山線が左後方から入ってきたらしい越後川口駅と、何とか見当をつけることはできました。汽車で通り過ぎたことしかない路線だったら、わからなかったかも知れません。小出は町に、越後川口は駅のたたずまいに、それぞれ思い当たるものがあったのです。

ほどなく小千谷（おぢや）、そして越後滝谷（えちごたきや）の駅を過ぎると、上越線と信越線の広大な合流・分岐駅である宮内駅が近づいてきます。ここではふしぎなひとときを過ごすことになりました。

ご存知の方が多いと思いますが、宮内と長岡の間は、上越線と信越線を行き来するすべての列車が往復します。複線同士が宮内の立体交差で合流して、ひと組の（信越線の）複線を、一度長岡まで行って、また宮内へ戻ってから、列車ごとの進路に分かれて行くのです。特急・急行は、宮内駅はすべて通過します。

　ところでこの「能登」ですが、上野発の金沢行きですから、当然長岡で折り返します。けれども運転停車で乗降はできず、時刻表にも長岡の時刻は載っていません。したがって、いま宮内にさしかかって、定刻通り来ているのかどうか、確かめるすべがないのです。

　と思う間もなく、上越下り線が信越線をオーバークロスする、すなわち右下方に宮内駅を見下ろすあたりで、みるみる列車の速度が下がり、やがて完全に停止してしまいました。雪はほとんど降っていませんが、視界が悪いようです。

　私は時計を見つめました。「能登」には泊まで乗って行って、折り返し急行「きたぐに」で糸魚川へ戻るのが、今日の旅程です。「きたぐに」も遅れるかも知れないが、朝一番で大糸線のキハ52（これも間もなくさよならの車輛です）に乗るのがもうひとつの目的だから、そこを外さないためには、泊での七分の折り返しのためには、こちらの遅れは三分が限界と見ておかなければなりません。

　しかし停まってしまった列車は、信号にあわせて少し動きはするものの、すぐまた停まり、なかなか通常運転に戻る見込みはなさそうです。これは早めに見切りをつけるしかないかな、と思いながら、何気なく宮内駅のホームの方へ目をやると、羽根ぶとんのように降り積もった雪の中を、赤い機関車に牽かれ、みじかい寝台列車がやって来たのです。

赤い機関車は、交直両用のエースＥＦ８１に違いありません。しずかに通り過ぎる金沢・大阪方面行きの寝台特急を見やりながら、しかし私は、何かが足りないような気がしてなりませんでした。その寝台列車が行ってしまってから、私はぼんやりと考えつづけました。そう言えば、塩沢あたりで最初に行き違った寝台特急も、小出を過ぎたあたりで行き会った二本目も、何だか短かったような気がする。「北斗星」や「日本海」が一往復になり（注1）、来月には「北陸」も廃止されるご時世だから、編成が短くなるのも仕方ないか・・・。

そう思いつつ、今通り過ぎた列車の残像をまならうらに遊ばせていると、もう一つ、疑問が浮かび上がってきました。先ほど上越線で二本すれ違った寝台特急は、二本とも機関車が青色だったのです。何気なく、最初の一本を「あけぼの」だろうかな、と思っていたのですが、いま実際に赤いＥＦ８１を見てみると、今日赤い機関車を見たのは初めてだ、さっきは確かに青だった、と思われてならないのです（注2）。

狐につままれたような思いでいると、列車（「能登」）は少しずつ前進して、宮内駅の５番ホームに入っています。そしてほどなく、先ほど寝台特急が通過して行った信越下り線に、もう一本、同じ装いの寝台列車が入って来ました。

「あ、あれはいったい何だろう。」

時刻表で確認こそしていないものの、無意識に、すれ違う寝台列車は三本のはずだという感覚がありました。上りの「あけぼの」「北陸」、そして大阪行き上りの「日本海」。もちろん出発前にはあれこれと時刻表を眺め返して、いろいろな可能性(富山か金沢まで行ってしまう、など)を考えたのですから、大きな勘違いはないはずです。

しかし、現実に今、雪の中の宮内駅を、北陸線上りの寝台特急が通過して行くのです(注3)。とまどいながらも、私は急いで車輛の編成数を数えました。

「一、二、三、四・・・」

最後尾まで数えてみると、それは八輛の編成でした。思い返すと、ついさっきこの宮内で見送った先行列車も、同じくらいの長さだったように感じられます。上越線内のすれ違いは、隣り合わせの線路であっという間にすれ違うため、正確なカウントは不可能ですが、やはり今思えば、だいたいこれぐらいの長さだったのでしょう。

「ふうん・・・。」

ここで、一つ目の疑念が少し具体像を結びはじめました。八輛の列車と言えば、長くはないけれども決して「短すぎる」編成ではありません。それでも私の気持ちの中に、「おかしい、どうにも短い」という不信感が広がり、なかなか消えて行かないのです。

ほどなく列車が動き出し、長岡の操車場を通り過ぎて行く時に、私ははっ、とひらめきました。そうだ、今夜行き会ったあの寝台特急たちは、今や風前のともしびのような「ブルートレイン」だ。だから短いと感じるのだ。

「ブルートレイン」というものは、電源車と食堂車を含めると、十三輌、十四輌という長い編成で、堂々と他を圧してゆく存在だ。最後尾には、かつては誰もがあこがれた「ナハネフ22」の姿があった。あの長大編成の雄姿を無意識に期待してしまう自分にとって、八輌編成が短く感じられるのは当然のことかも知れない・・・。

そしてあの羽根ぶとんのような雪の中を行きすぎるさいぜんの寝台列車の姿を思い浮かべると、その時は「短い」とだけ感じた同じ列車が、おとぎ話の世界をゆく「汽車」のようにも感じられるのでした。これがもし、雪景色の中でなかったとしたら、おそらくそんなふうには思わなかったことでしょう。やがて二つ目の疑念(注2)についても、解決のいとぐちらしきものが見つかりました。

注1　この時から二年後となる昨年(二〇一二年=平成二四年)三月、「日本海」は一往復の定期運用もとりやめとなりました。かつて名古屋に住んでいた頃、名古屋発の北陸特急「しらさぎ」で敦賀まで行き、「日本海1号」に乗り換えて弘前まで旅したことがありました。さびしい限りです。

注2　長く「あけぼの」は、上野から青森まで通しでEF81牽引だったため、私はそのことを思ったのです。あとで調べてみると、この一年前、二〇〇九年三月のダイヤ改正時から、EF81の牽引区間は長岡‐青森間となり、上野‐長岡間はEF64牽引となっていました。このように変更された理由は、EF81が上越線で空転することが多かったことと、上越線の担当乗務員が扱いにくかった

ためだそうです(参照:ウィキペディア)。やはり特別な山岳路線である上越線ならではの措置だな、と、感慨深いものがありました。

※ あとでわかったことですが、最後に行き会った「四本目の寝台特急」は、上野を三十分早く発車、先行していた下りの「北陸」でした。遅れがなければ、「能登」が宮内へさしかかる前に上り(富山・大阪)方面へ走り去っているか、長岡操車場の遠く離れた上下線で、姿を見ずにすれ違っていることでしょう。なぜここですれ違ったのか、その正確な理由は「霧による七分の遅れ」以外に知る由もないのですが、このあとまた、この「北陸」が登場しますので、謎解きはほどほどにしておきます。ひきつづきお読み下さい。

七　碓氷峠異聞

深夜の雪景色の中、別れのさびしさを訴えているかのような短い編成の寝台列車たちを見送ると、こなたボンネット型489系特急型車輌の急行「能登」は軽快に速度を上げ、いったん宮内駅を後にしました。

そして、上り線を見やることのできない広大な長岡操車場を通り過ぎると、駅ビル「セゾン」に抱かれるかのように錯覚する長岡駅へと到着します。新幹線だと高架ですから、明らかな長岡停車のための減速を目と体で感じる頃、北陸自動車道から長岡市街への入り口のような長生橋が見えるのですが、地上の在来線からは見えません。信濃川が近いな、という雰囲気だけを味わっての、長岡入りです。

到着すると、新潟への進行方向右側には、大型スーパーとホテルニューオータニ長岡が見えます。三年間の新潟出張時、新潟と長岡に泊るのがほとんどでしたが、長岡での末期はこのニューオータニをよく利用しました（一九九〇年代半ば、朝食付きで八〇〇〇円台だったと思います）。出張の多くは冬の期間でしたから、雪の季節ならではの長岡の街の風情が、やはり懐かしく感じられます。

さて、前回の注2で青森行き寝台特急「あけぼの」を牽引する機関車が、上越線内（長岡まで）ではＥＦ６４に代えられたこと、その理由としてＥＦ８１では「空転」が多かったことなどをお伝えしました。このことについて、少し紙幅を割いて、お話ししたいと思います。

ＥＦ６４－１０２５

鉄道の基本的な仕組みは、「粘着運転」です。「粘着」とは、粘着テープのそれではなく、列車の重量をささえる車輪面（レールに接する面）とレールとが常に密着していて、摩擦力が生じていることです。そして「空転」とは、文字通り車輪が空回りして、粘着力が失われた状態のことを言います。

この空転は、「あっても良い」ことではありませんが、時に生じることのあり得るものです。ごく短時間の、一時的なものなら実害が生じることはないでしょうが、長時間、空転の状態が続くのはタブーです。通常、平行な左右の車輪をつないだ車軸が二本ひと組でひとつの台車になっており、重量もこの単位で支えますから、勾配区間では、片方の車軸に重量がかかり、片方は逆に負荷が軽くなって（軸重移動）、空転が起こりやすくなるわけです。ことに急勾配の路線においては、粘着力の失われた状態が続くと、大事故につながります。

平成九（一九九七）年九月に廃止となった信越本線横川 - 軽井沢間、国鉄・JRでの最急勾配66・7パーミルで知られた旧「横軽」区間では、その急勾配のために列車が峠の下方へ逆走、または逸走（下り勾配で制御できなくなり暴走）してしまう事故が、複数回起きています。

昭和三八（一九六三）年（私が生まれた年です）に、開通時からのアプト式（車軸の歯車=ピニオンを、二本のレールの間に敷いたもう一本の「歯軌条（ラックレール）」のラック=歯車を受ける"ギザギザ"に噛み合わせて上り下りするシステム）を粘着運転に切り替えた際、「横軽」には二種類の専用電気機関車が、新製投入されました。

普通の「EF（Fは動輪六軸を、Eは電気機関車を表します）」型機関車は、二軸台車×三で六軸としています。しかし碓氷新線用の新型機EF62（横軽をはさんだ信越線全通用本務機）では、その特別な目的の（碓氷峠をEF63と協調して上り下りするが、前後の平坦線では高速度で走る）ため、当時では珍しい三軸台車×二で六軸とする方式を、採用しました。

また、峠のシェルパと呼ばれて愛されたEF63（横軽=碓氷峠専用補機）は、特別に重い自重、軸重に加え、重量バランスや電気回路の工夫、さらに台車の（こちらは二軸です）逆ハリンク、過速度検知装置、電磁吸着ブレーキなど、考えられる限りの「安全に峠を上り、また下る（押しとどめる）」ための装備を持っていました（ほかにも、「峠」では列車側で空気ブレーキをパンクさせるなど、いろいろあるのですが、ＥＦ63の特殊技術も含めて、このへんにしておきます）。

抑速発電ブレーキについてだけ、この旅日記に（つまりＥＦ64に）関係があるので、いま少し紙幅を費やして、ごく簡単に説明します。

質量のある物体、ここでは機関車、列車が勾配を下ると、下向きのエネルギーが生じます（位置エネルギー↓運動エネルギー）。機関車の駆動力は、電気でモーターを回し、その力を変換して車軸↓車輪へ伝えているわけですが、下るときに発生したエネルギーは、回路をつなぎかえることで、モーターを発電機として回すパワーにすることができます。言ってみれば、電気↓力を、力↓電気と戻してやるわけですね。

この電気を架線に戻して電力として利用するのが、「回生ブレーキ」というものですが、「発電ブレーキ」では、大きすぎるこのエネルギーからの電気を、抵抗器で熱に変え、空気中に逃がします。抑速発電ブレーキの仕組み、放熱のために風を送るブロワーは、ＥＦ63だけの特別なものではありませんが、とりわけ碓氷峠を下るＥＦ63では、ものすごい高熱のためにブロワーの音が山に響き、また機関車の屋根の上には、陽炎がゆらめき立っていたと言われています。

さて、そろそろ「あけぼの」牽引のＥＦ６４の話に戻りましょう。この機関車は、もともとはいま山形新幹線「つばさ」がぐんぐんかけ上っている奥羽本線（山形新幹線）福島 - 米沢間の「板谷峠」のために開発されました。同じく厳しい山岳路線である中央本線用でもあります。また、板谷峠でその前に活躍していたＥＦ１６という機関車は、板谷峠のために作られたあと、上越線用にも作られましたし（いずれもＥＦ１５からの改造）、上越線開業時に新製されたＥＤ１６は、同時に中央本線の甲府までの電化のために用いられました。

このように、本州の脊梁（せきりょう）部をつらぬくこれらの路線、上越線、奥羽本線、中央本線は、みなどこかに共通点を持つ、代表的な山岳路線だと言えるのです。

そして、ＥＦ６４は、碓氷峠専用の設備を除いて、ＥＦ６２、６３の持っていた勾配用の装備を、みな惜しみなくつぎこんだ、勾配線区用のスペシャリストでありました。さらに1000番台は、豪雪地帯の上越線用に特別に作られた機関車です。

この夜（二〇一〇年二月）、「あけぼの」を牽引していたのは、ＥＦ６４の０番台でした。「北陸」は、ＥＦ６４の1000番台です。ＥＦ８１にも空転防止の機構は当然備えられているのですが、そもそも日本海縦貫線（北陸本線・羽越本線等）が主たる目的として作られた機関車であり、専用機（ＥＤ１６やＥＦ６４の1000番台）が作られたほどの山の難所である上越線では、空転が多かったというのも止むを得ないところでしょうか。

そしてこの夜からほぼ一ヶ月後の三月一二日に「北陸」が廃止になると、「あけぼの」の牽引機は1000番台となり、現在に至っています。今や「北斗星」と二本きりになってしまった「最後のブルートレイン」の「あけぼの」に、ぜひ長生きをして欲しいものです。

◇参考文献等

『碓氷峠　ロクサン惜別の旋律』弘済出版社　一九九七年

『ノスタルジックトレイン№．3』芸文社　二〇〇九年

ウィキペディア

今回確認をとるために参照したものは以上です。碓氷峠に関する小説の執筆にあたっては、ほか多数の文献・資料から、多くの示唆・ご教示をいただいております。

※碓氷峠の「物語」については、上記『ノスタルジックトレイン№・3』掲載の拙作『小説　鉄の軌み』（今回、本書九一ページ〜一一六ページにも収載）、『小説　碓氷峠』（画文堂　二〇〇〇年三月）にも、くわしく書いてあります。『小説　碓氷峠』はネットで検索していただければ購入できると思いますが、難しい場合はメール・電話にて、言問学舎小田原あてにご連絡下さい。

八　ブルートレイン哀歌

二月の中旬、小雪の舞う夜に越えてきた上越線と、これから向かう信越線、北陸線、また三十代

半ばの三年間を親しんだ新潟のことを思ううち、すこし鉄道好きの専門領域の方へ、話がそれてしまったようです。

　お詫びの先触れを口上しながら甚だ恐縮ではありますが、実は前々章（六　おとぎ話のような汽車）で書いたブルートレインのことについて、読者の方から「要解説」のご指摘を頂戴しましたので、あと少しだけ、そのことをお話ししたいと思います。


　ブルートレインのシンボル「ナハネフ22」については、もちろんご存じの方が多いと思います。ただ、今年（二〇一四年）五一歳になった私とて、この優美な車輌を掉尾（とうび）とする20系客車の寝台列車、すなわち元祖「ブルートレイン」と言える特急列車に乗車することができたのは、生涯一度きりのことでした（その後「銀河」などでは、もっと経験があります）。

　寝台特急「あさかぜ」として登場したブルートレイン（20系客車）は、「こだま型」151系特急車輌（「能登」の489系ボンネット型車輌の元祖で、東京‐大阪間を六時間三〇分で結びました。新幹線登場前の「夢の特急型電車」です。これも語れば長いのですが・・・）と並ぶ花形車輌。まさに新時代を告げるデザインと設備で、「走るホテル」ともてはやされた、昭和三〇年代（一九五五～六四年）の、夢の列車だったのです。

　中でも「ナハネフ22」は、丸みを帯びた車端部に（一説には“なすび型”とも）、二枚のパノラミックウィンドウの曲面が美しいフォルムの仕上げをしており、「あの列車に乗りたい」と、強く思わせるものがありました。豪華寝台特急カシオペアの最後尾車輛の「スハネフ21」（E26系）の登場時に、この「ナハネフ22」のフォルムを踏襲したという説もあったように思うのですが（すみません、本稿では未確認です）、たしかにそんな感じがします。ただしカシオペアと違い、車端部は客室ではありません。

ブルートレインは14系（オハネ14など）、24系（オハネ24など）、24系25形（スハネ25など）と変遷して来て、「オハネ」「スハネ」という車輛形式が主流となったため、「ナハネフ」の「ナ」というカタカナが何を意味するかをご存じない、もしくは知識があっても実際には見たことがないという方も、多いのではないのでしょうか（「ナ」「オ」「ス」等の記号については、文末で解説します）。

なぜ「ナハフ」「ナハネ」、そして「ナハネフ」等の客車が消えてしまったかと言うと、まず、ブルートレイン元祖の20系は、その前の世代にあたる10系客車の時から「軽量化」が進められた時代の客車だったということが挙げられます。10系より前のいわゆる「旧型客車」は、とにかく重かったのです（形式は、やはり「オハ」「スハ」などです）。高速化やサービス向上、そして効率化を図る意味で、軽量化がすすめられたのでしょう。

20系の次に作られた12系（座席）客車からは、急行用の座席車でもはじめから冷房が必要とされた上、自動ドアも採用されるなど、設備は当初から増える方向にありました。さらに、20系では

「カニ22」に代表された電源車（冷暖房などのサービス電源供給車）の機能を全車輌に分散させたため、重くなるのは当然のことだったのです。

前々章（六　おとぎ話のような汽車）の「ナハネフ22」の記述をお読みになって、「ナハネフ」など聞いたこともない方もあるのでは？と、本稿を読みこんで下さる読者の方が案じて下さいましたので、すこし紙幅を割いて、かつてのブルートレインの「顔」であった花形車輌のことを、お話しさせていただきました。

華やかなデビューを飾って「走るホテル」と称賛され、栄光のブルートレインともてはやされた20系も、時代が下り、昭和四〇年代も半ばとなると、五二センチというその寝台幅が、「きゅうくつ」なものと感じられるようになりました、そして七〇センチ幅の寝台を持つ14系客車が登場し、次いで24系、さらに「三段式」を「二段式」に改めた24系25形が現れて、ブルートレインはB寝台で「二段式　七〇センチ幅」の寝台がエース級と位置づけられるようになったのです。時刻表の、こんなマークをご記憶でしょうか。

「★」　「★★」　「★★★」

上から、客車三段式、電車三段式、客車二段式という、寝台設備をあらわすマークです。24系25形が、「★★★」の「二段式　七〇センチ幅」のエースだったのです（寝台料金も異なり、客車二段式と電車三段式下段は6180円、その他は5150円などとなっていました／消費税三％時）。

この連載は、寝台特急「北陸」と、一時は寝台車も連結した客車列車だった急行「能登」との別れを惜しんで、実際に「能登」に乗車した四年前の冬の旅を、かなり長い時間をいただきながらつづって来たものです。途中で書いた最後の（豪華列車でない、通常の）ブルートレイン「あけぼの」も、あとひと月あまりで定期運転が終了してしまいます。

さらに、「豪華列車」の「はしり」であり、「青い車体の寝台列車」＝「ブルートレイン」最後のランナーとなる「北斗星」も、その引退が示唆されており、そればかりか、大阪からの「トワイライトエクスプレス」、新製Ｅ２６系を投入して運行をはじめた「カシオペア」までもが、その先行きを案じられる時代となってしまいました。

すこし前のことですが、朝六時発の新幹線で神戸へ出向いたことがあり、検札のため入室して来た女性パーサーの「おはようございます」という挨拶がとてもすがすがしく、なつかしかったので、感じのよいその方に、「昔の寝台列車の朝のアナウンスを思い出しましたよ」と話しかけたところ、その方は、「そうだったんですか」と、感心してくれたようでした。鉄道の旅を味わい深いものにしてくれる職員の方々とのふれあいだけは、ずっと変わらないものであって欲しい、そんなことを、いま改めて思いました。

今回は「ブルートレイン」考、に終始して、失礼させていただきます。そして次回、この長い旅を完結に向かわせたいと思います。やはり「能登」との別れを書き綴るには、雪の恵みが大きな力となっているようです。

★ご参考　国鉄の車輛形式のうち、「ナ」「オ」「ス」は重量を示します。

コ　重量22・5トン未満
ホ　重量22・5トン以上27・5トン未満
ナ　重量27・5トン以上32・5トン未満
オ　重量32・5トン以上37・5トン未満
ス　重量37・5トン以上42・5トン未満
マ　重量42・5トン以上47・5トン未満
カ　重量47・5トン以上

※ウィキペディアより引用

用途の一覧は省きますが、「ナハネフ」の「ハ」は二等車、「ネ」は寝台車、「フ」は緩急車（車掌が乗務する車輛で、「緩急」は手動ブレーキを有する意）を示します。

かつて東京から北陸への比較的短い距離ながら、寝台車を含む客車列車の編成だったこともある急行「能登」との別れの旅のことを書きはじめてから、四年という時間が経過してしまいました。けれどもそろそろ、この旅の譜も終わりとしなければなりません。私自身がこの旅で実際に急行「能登」に乗ることとなった間接的な契機であり、「能登」および寝台特急「北陸」廃止の引き金であった北陸新幹線金沢開業が、いよいよ来春、現実のものとなるからです。

この旅の譜は、「六　おとぎ話のような汽車」で勾配用の機関車である「ＥＦ６４」のこと、「八　ブルートレイン哀歌」で「２０系」客車のことなどに、すこし紙幅を割きました。今回、「能登」が長岡に到着したあとのところから話を進めたいと思いますが、さかのぼってお読み下さる方々には、「六　おとぎ話のような汽車」より読み返していただけますと、つながりをお読みとりいただけるかと思います。

二月の雪の夜、長岡で運転停車によって、上越線から信越線直江津方面へ折り返しの発車をした急行「能登」は、長岡操車場の南側を、今までとは進行方向を逆にして快走します。宮内駅の手前で停車してから、幾度も漸進しては停車していた長岡着までの時間が嘘のようです。

ほどなく、先刻オーバークロスする上越下り線から見下ろしていた、羽根ぶとんのように雪が積もった宮内駅の東寄りを、通過します。短く感じた八輌編成の「ブルートレイン」の姿が、思い出されました。宮内を通過してしばらくすると、信濃川を渡り、昭和五九年まで西小千谷への魚沼線を分岐していた来迎寺(らいこうじ)駅にさしかかります。そう言えば一度、ここの駅前の床屋さんで散髪をしてもらった・・・。すっかり忘れていたことが、深夜の雪景色の中で、あざやかによみがえって来ました。新潟という土地は、たしかに私の人生の一部を占めているのです。

かつては越路(こしじ)町の中心地だった来迎寺を過ぎると、線路は山間を縫って行きます。信越本線から見れば海側を並行している越後線も、この辺りは内陸部を走っており、その間に位置する北陸自動車道でも一、五〇〇メートル級のトンネルがある山間部で、雪も多いです。柏崎の一つ手前の茨目(いばらめ)駅近くで北陸道をアンダークロスすると、ほどなく海の気配が近づいて、柏崎駅に到着します。ただこの夜行急行「能登」は停車せず、そのままのスピードで通過です。よく泊まったビジネスホテルや、駅前の飲み屋のなつかしい女将さんの顔など思ううち、市街を走りぬけました。

さて、私の乗っている席は、長岡から山側になり、進行方向は背中側と、すべてが逆向きになっています。夜の日本海を思う存分眺めてみたいという思いもありましたが、途中どちら側の車窓となっても、それぞれに興味が深いので、あえて指定をしなかったことは、上越線の過程で述べた通りです。柏崎を過ぎて二つ目の駅が米山で、越後の民謡などに歌われている米山（標高九九三メートル）が、海岸近くに美しい姿を見せています。さすがに二月のこの時期ゆえ、山頂から三、四割ほどが、白く雪をかぶっており、かつて見なれた姿とはいえひときわ荘厳に感じられます。

その姿を目に留め、ずっと眺めている間、私はやはり海側、山側を指定しなかったことの僥倖を、わが身に感じました。すなわち、大好きな米山の姿を、予測しえなかった山側から、かなり長いこと、遠望することができたのです。東海道線で富士山が、山側でなく海側の車窓から、ときどきのぞまれる、あの感覚です。二月の深更、視界から消え去るまで長く、一人旅の無聊をなぐさめてくれた米山の姿は、生涯忘れ得ぬものになるかと思われました。

進行方向を向いていないため、視覚から感じとれる情報は、前を見ている時にくらべ、とうぜん後手後手になります。地形や背景から、そろそろかな、と思った頃、犀潟駅の手前で、右手から北越急行（ほくほく線）の単線の高架線が近づいて、列車はすぐにアンダークロスしました。そのまま犀潟駅を通過、さらに黒井駅も通過すると、ほどなく直江津です。

これもまたなじみ深い関川の流れを渡って到着した直江津駅では、意外な光景が待っていました。「能登」は島式ホームの5番線に入ってゆき、そこは予定のことと思われましたが、気がつくと反対側の、待避線である6番線に、青い寝台列車の姿があるのです。これはどうしたことだろう。しかし直江津駅は客扱いをする「停車」ですが（「北陸」はダイヤ上では通過）、深夜のことですから案内放送はなく、向かい側に停まっている列車の素性はわかりません。やがて私の乗っている「能登」が発車し、追い越しざまに先頭の機関車を注視すると、信越・北陸線担当の赤いEF81型電気機関車の前頭部には、出発前に上野で見た、「北陸」のヘッドマークがかがやいていたのです。上野の時とは機関車が異なりますが、その前頭部にも屋根の上にも、かなりの量の雪がついています。

旅における偶然とは、ほんとうにふしぎなものです。直江津駅を発車すると、やがて右手から（進行方向逆向きに座っているため）、今度は妙高からのスイッチバックを含む長い坂を下りて来た信越本線の単線の線路が、平面交差で合流します（「能登」や「北陸」は、直江津駅をはさんで信越本線から北陸本線へ「直進」）。ここで改めて私の脳裏によみがえったのは、十数年前、越後湯沢からほくほく線経由の「はくたか」に乗って高岡へ向かう時、この（進行方向向きで見れば）左手からの信越線を、上野から碓氷峠を経て長野を通り、黒姫、妙高を越えて来た特急「白山」（もちろん白山色の489系）と、すれ違ったシーンです。あの時は、ボンネットの白山色に予想外の邂逅の衝撃を受け、すぐに時刻表で、直江津を六分後に発車する「白山」だと確認して、「しまった。この手もあったか（「白山」で高岡へ行くこと）」と思ったものです。もっとも当時はほくほく線「はくたか」がデビューして四か月ほどの頃で、仕事で回っている新潟の、六日町から十日町、そして犀潟へ抜けて行く新線を使うことに、何のうたがいもなかったのですが。

そして今回の「能登」の旅では、後発の急行が先行している特急を追い越すという、めったに体験することのない不思議な出来事が、待っていました。「不思議」と言いましたが、「霧のための遅れ」とは聞いていたものの、あの宮内から長岡にかけての足踏みは、なるほど同じ線路、同じ（長岡の）ホームを利用する「北陸」に遅れが出ていたのだとすれば、致し方のないことだったと、逆に合点がいきます。また、それゆえに普通なら三本の寝台特急とすれ違うはずのところを四本と行き会った、その不思議にも、いわく言い難いめぐりあわせのようなものを、感じてしまいます。もはや述べるまでもないと思いますが、宮内の駅で最後に見た「四本目の寝台特急」は、この「北陸」だったに違いありません。

さて、直江津を出ると、次の停車駅は、糸魚川です。ここで私には、ひとつの決断、というほどではありませんが、見きわめが求められていました。最終的には、この朝六時四分糸魚川発の大糸線の気動車で、松本方面へ向かい、そのまま帰京するのですが、列車が定刻通りに動いてくれれば、北陸線をひとまず富山県の泊まで行って、七分の乗り換えで、下り急行「きたぐに」でとって返して糸魚川まで戻って来る、そういう計画を立てています。しかし長岡の手前で大幅に遅れ、直江津で「北陸」を追い越しはしましたが、直江津駅発車時刻から見ても何分か遅れがあり、予定通り泊へ行くことができるのか、何ともむずかしそうな状況なのです。これからまったく遅れが生じず、むしろ遅れを取り戻すほどの快走を見せてくれたら、と思う間もなく、列車は名立トンネルの手前、まもなく有間川駅かというあたりで、ふたたび減速しました。

この時、私は先刻トイレへ行ったついでに空席の多いことを確認していた普通車に、荷物を持って移動していました。泊でのせわしい乗り換えにそなえ、素早く動けるように、出口が近く二人分の席が空いている場所を、確保しておいたのです。

名立トンネルを抜けると、名立駅をちらと見て、すぐまた一万メートルを超す長さの頸城トンネルに入ります。このトンネルの中に、筒石駅がありますが、頸城トンネルができるまでは、線路は海岸沿いの難所をぐるりと回っていました。旧筒石駅周辺の昔日の姿は、『鉄道廃線跡を歩くⅡ』（ＪＴＢキャンブックス）などで見た印象が強く、ここを通るたびに、蒸気機関車が集落の上の橋梁を走った様子を思い浮かべます。直江津から通過して来た谷浜、有間川の各駅も、それぞれ海辺に位置しており、能生での地すべり災害や複線化を契機として、頸城トンネルを中心とする内陸側への線路付け替えという大工事が行なわれた過去の経緯を思うと、気温も相当低いであろう二月の日本海沿岸をゆく夜行列車に、「遅れを取り戻す」運転を期待するのは、やはり無理だろうと考えられ、私は観念しました。この時点で泊行きは、断念することとしたのです。

するとこの急行「能登」での旅は、次の糸魚川でおしまいです。季節がら、半ばは覚悟していたことでもありました。しかしこの糸魚川には、新潟の中でも特別な思いを、私は持っています。

越とほく奴奈川姫をたづね来て胸躍らせし神をし思ふ　漂情

「奴奈川姫」とは、大国主命の伝承に登場する、この地の美女です。大国主命にはもちろん出雲にスセリ姫（須勢理毘売）という正妻がいるわけですが、高志（こし＝越）の国の奴奈川姫（沼河比売）に求婚したというくだりが『古事記』にあります（神話の世界のことで、実話が下敷きであるとしても、一夫一婦制ではない時代であり、新しく治めようとする土地の女性を娶るということは、ずっと下った戦国時代にもみられることです）。当地の特産である翡翠の奥深いかがやきと、大国主と奴奈川姫の伝承とが、私にはとりわけなつかしく思われるのです。新潟への出張ぐらしの中でも、年に二度ほどは泊りました。泊りはほとんど「ゑびや」さんでしたが、糸魚川に「ゑびや」さんがあり、直江津に「いかや」さんがあること（出張で行っていた当時、すでに「ホテルセンチュリーイカヤ」）にも、何とも言えない味わいを感じていました。

見覚えのある浦本駅を確認すると、列車はまた海岸沿いを走ります。そして糸魚川に到着します。泊行きをあきらめたため、「能登」の車内に少々未練が残りましたが、糸魚川駅のホームに下り立つと、なつかしさで胸が一杯になりました。九年ぶりです。駅の南側の町並みと、その上にせまる山並みも以前のままですし、なつかしい機関庫も健在です(注)。まだ朝の五時前なので、町は一日の活動を始めてはいませんが、久しぶりの糸魚川だから、一刻も早く改札を出て、なじみの深い市街地を歩いてみたい。ふつうなら、それをすぐ行動に移し、この旅の譜も終わりとなるところです。

しかし私には、まだ大きな関心ごとが残っています。直江津で、本来はそこに停車しないはずなのに待避線側に入って「能登」を先行させたあの「北陸」が、その後どういう動きをとっているのか。この旅は「能登」や「北陸」との別れの旅ですから、それを見届けないまま、ホームを去るわけにはいきません。ところで私が乗る予定の六時四分発の大糸線南小谷行きは、これも今回のダイヤ改正で姿を消す、最後に三輌だけ残ったキハ52形気動車であり、どうやらそちらを目当てにした鉄道ファンも、改札口に隣接した待合室には、かなり集まっているようです。あまりに「北陸」が遅れて来たら、どちらを優先しよう。そんな心配がふと頭をかすめた頃、駅のアナウンスが、ほどなく「北陸」が到着することを告げました。

これでひと安心、と胸をなでおろすとともに、ＥＦ81に牽引されてホームに入って来た「北陸」の姿を目にするや、抑えがたい懐旧と親しみの情が、私の全身を縛しました。ああ、よくがんばったね、という言葉が、喉元までこみ上げます。「北陸」のヘッドマークにも雪がこびりつき、何かの不調を乗り越えて来たのであろうEF81や24系25形寝台客車の奮闘の様子からは、まさに「老兵」の形容がふさわしく感じられるのです。実際、列車は雪の上越線を越え、魚沼から中越の深い雪と霧をかき分け、日本海の寒風にさらされて、ここまで来たのです。まして「能登」は季節列車としての存続が決まりましたが（二〇一二年三月以降は運転なし）、「北陸」は完全に、あとひと月のラストラン。糸魚川ではほんの数人の乗客を下ろし、発車してゆく「北陸」の姿を、カメラを構えてこそいましたが、私は最敬礼する思いで見送りました。赤い尾灯と「北陸」のテールマークが、糸魚川駅西方のカーブを曲がって、視界から消え去るまで。

特急「北陸」・ソロ　糸魚川駅

　さて、これでようやく、町を歩ける。そう思って階段を上り、下り線側の改札口へ向かいつつ時計を見ると、もう五時を過ぎています。お、これはひょっとしたら。上り線のホーム（長岡からの信越・北陸線は金沢・大阪方面が上りで、新潟方面が下り）から見た通り、十数人の人が待つ待合室の片隅で時刻表を確認すると、はじめ乗るはずだった「きたぐに」は、五時二八分着となっています。こうなったら、「きたぐに」もここ糸魚川で見送って、写真の一枚も撮るべきだ。そう考えると、決断、計画はあっという間でした。すぐ改札で、糸魚川‐泊間往復分の乗車券と、「きたぐに」の急行券の払い戻しをしてもらいます。そして一度改札を出て、糸魚川の町を、九年ぶりに歩きました。

歩くと言っても、だいたいの様子はわかっており、店の一軒とて開いているわけではありませんから、駅前のS書店さん、「ゑびや」さん、H宝石店さんの前を経て、国道八号線の向こうに広がる日本海を、見に行くだけです。それで戻れば、「きたぐに」の到着にも十分間に合う。その計算が、待合室で時刻表を見た時に、すぐ成り立ったのでした。

二月中旬、春まだ遠い季節の早暁の日本海は、やはり暗く、きびしい表情でした。海岸沿いの国道八号は、歩行者の横断用にはほとんどの場所で地下道が設けられており、そこをくぐれば海岸沿いに出られます。しかし今朝は、引き返す時間の都合、またもし凍結などあった時、万一足をすべらせでもしたら、帰京できなくなり、受験が終わっていない繁忙期の塾に穴を開けるわけに行かないことへの用心から、国道越しに遠望するまでのこととしました。かつていく度もながめた通り、風吹きすさぶ日本海は、容易に人を寄せつけない険しさに満ちていますが、汽車に乗り通しの旅ながら、間違いなく新潟にやって来たのだ、という一種の安堵をも、私に与えてくれました。

まだ覚めやらぬ糸魚川の町へきびすを返し、ふたたび駅にもどると、「きたぐに」の到着時刻まではあと数分でした。乗るわけではありませんから、もっとも富山寄りのホームの端まで行って、待ち受けます。ここでまたわが意を得たり、と合点したのは、やはり「きたぐに」もわずかに遅れているものの、その遅れが三、四分程度のものだったことです。上野から私が乗って来た「能登」は、五、六分遅れていました。泊で折り返し乗車をする際、定刻では七分での乗り換えです。先ほどの行きの「能登」が糸魚川から遅れなく行ったとしても、「きたぐに」が定刻なら、乗り換え時間は一、二分。泊も海に近い北陸の駅ですから、階段などが雪で歩きにくい可能性があることは、容易に想像できます。「きたぐに」がもし糸魚川へ十分も遅れて来たなら、「賭けをして、泊まで行ってみればよかった」とも思いたくなるでしょうが、糸魚川で三、四分の遅れでは、一番長くても五分前後の乗り換え時間しかなかったわけで、勝手を知らない泊の駅では、「賭け」が「無謀な冒険」になった確率が、非常に高いと考えられます。まして、「能登」と「きたぐに」が、実際にはどのように走ったのか、わからないのです。昨夜上野を出てから一晩のこもごもが、胸中によみがえります。そして、かつての「電車特急」583系電車の新潟行き急行「きたぐに」の発車を見届けると、つまるところ「夜行列車との別れの旅」であった私の旅の譜も、完結となりました。

旅と鉄道は、私にあっては切っても切り離せないものです。「能登」、「北陸」、そして「きたぐに」(二〇一二年三月より臨時列車化)との別れの旅は、長い間多くの列車でほうぼうへ旅をさせてくれた、「寝台列車」「夜行列車」との、永訣の旅だったのかも知れません。それはまた、「汽車旅」というものが遠くなる、かなしい予感をはらんでいるようにも思われます。もちろんどのような変遷を見ようとも、こころに「旅」がある限り、「汽車旅」もまた、不滅のものではあるのですが。「能登」の旅はこれにて完結と致しますが、この「旅の譜」は、舞台を移していつまでも、鉄路とともにある旅のこころをつづって行きたいと思います。

注　この糸魚川駅名物だった機関庫（車庫）も、この時からほどなくして解体されました。今は新設された南口（アルプス口）と新幹線駅が一体となった新駅の施設が、機関庫（車庫）のあった在来線の南側を、占めていることでしょう。

２０１０年２月１３日早朝の糸魚川駅。ラッセル車の奥は有名だったレンガ積みの機関庫（車庫）です。現在このあたりは新幹線駅になっています。

小説　ひそかなる雪の形見

いつから降り積もったのか、峠の手前の水上(みなかみ)では、車窓の眺めはもうすっかり白く染められていた。夜汽車の旅などというものも、あるいはこれが最後になるのかも知れない。

雪が呼んでいる。

なぜ、そのようなことを思ったのだろう。若き日々、彼は雪国越後の産物を仕入れては売り歩き、もって己れの生活(たつき)の道を立て、二人の子を育て上げた。そしてその傍らにものした絵と文章を、いくばくかの暮らしの助けと、自分自身の生きるべき命の支えとしながら、その半生のなかばは越後、なかばは東京と住み分けて、二つの土地の風土と人情とを分かちがたい自己の両面として刻みつけて来たのである。

越後でのなりわい、それは雪との相剋であり、相聞であった。しかしながら常住する人びとと彼においては、そのいずれの度合いにも大きな隔たりがあっただろう。

商いを止めた後になってから、彼はつくづくそう感じた。自分はあの雪の桎梏(しっこく)から、逃れようと思えばいつでも逃れられた。しかし越後に住む人びとは、つねに雪に苦しみ、雪と闘い、ときに呪いもしながら、それでも自分自身の存在の奥底に、宿世として「雪」を負っているのだ。

彼の脳裏に、おぼろげに白い面輪が浮かんで来た。三十年あまりに及んだ越後との往来の中、ほんのわずかな期間にだけ互いの人生が交錯した、見附の小さな居酒屋の若おかみ。

一度結婚に失敗して、こうしたなりわいをしていながら男ぎらいで通している、そんなことを、たまたま行き合った別の店で、常連客から聞いたことがある。彼女が男を近づけない理由は、口さがない噂話のたぐいはいくらもあるが、本当のところは誰も知らないのだとしめ括る常連客のサングラスの丸いレンズに、ライターの炎が揺れていた。そんなたゆたげな印象だけが、今から踏み入る越後の記憶のすべてのようにも思えてくる。

トンネルの中に、駅が二つある。この夜行急行は、もちろん通過する。上越線を複線化する際、新しく造った新清水トンネルの新線は下り線となり、湯檜曽（ゆびそ）、土合（どあい）の両駅では、上り線として使われる清水トンネルの在来線との位置関係から、通常どおりに下りホームを設置することは不可能だった。

そのため、湯檜曽駅はもとの位置よりだいぶ下方に移転となり、新清水トンネルの入り口すぐのところへ、トンネル内が下りホーム、その外側の山腹に張りつくように並行して、上りホームが設けられた。そして土合駅は、従来の駅よりもかなり深い地中の、新清水トンネル内にホームが出来て、長い斜坑の階段で、地表の上りホームや改札口とつなげられた。

水上であれだけ積もっていたのだから、おそらく土合駅の地上部では、相当な積雪だろう。工事で壁面にシートでもかけられているのか、通りすぎる下りホームは、ただ闇の中に白く浮かび上がって来ただけで、「土合」の駅名を読みとることもできない。トンネルはここから谷川岳の深い懐を貫いて、越後への国ざかいを直進する。昭和の初めに清水トンネルが開通するまでは、鉄道は碓氷峠から長野、直江津経由の信越線回りであり、トンネルの上の清水峠は山の道で、登山者以外は越えられない。はるかに三国峠を経由する三国街道だけが、上州と越後を結ぶ旅の道だった。かつては時おり車でじかに買い付けをして歩き、新緑や紅葉の景観に筆を執りもしたのだった。

ふたたびのトンネルの闇に、想いを遊ばせる。列車は山の深い場所であることを感じさせる、夜の雪景色の中へと躍り出た。すぐに土樽（つちたる）の駅である。

「雪国」という言葉を思った。むろん普通名詞ではない。越後での旅回りのようななりわいのさなか、つねに懐にしのばせていた小説の表題と、彼ならではそこに描かれた表象と心象に添わせていた深い思いとが、こもごもその中に凝縮された一語である。であるから、その言葉は、決して「文豪のあまりにも有名な小説の一タイトル」ではないのだった。

かつて上越線を急行列車が走っていた頃、水上の次に停車したのが、次の越後中里である（注1）。ここへ下りるまでに、いま彼が乗っている下り列車は新松川トンネルをくぐりぬけるが、先に単線として建設された上り線は、トンネルを含む大きな松川ループを用いて、高度をかせいでいる（注2）。関越自動車道ができてからは、そちらからこの雄大な山岳路線の様子をながめることができ、車での移動を余儀なくされる時は、大きな楽しみの一つだった。深夜であるから灯りはともっていないが、このあたりから石打、塩沢あたりまで、車窓から見える範囲にスキー場が連続している。彼は商用での往来ばかりで、スキー場などに立ち寄ったことはないけれども、是非はともかくこの一帯の景観を、あれらのスキー場の真っ白なゲレンデ抜きに語ることはできないかも知れないと、そんな思いが胸をよぎった。

やがて列車は、しずしずと越後湯沢の駅にさしかかる。上越新幹線の工事がはじまってから、以前のしずかな山の湯の町の情緒は失われ、バブル以降リゾートマンションも林立しているが、深夜に通過する駅の雰囲気は、昔日のおもむきを偲ばせてくれるようである。運用上は北越急行のスーパー特急「はくたか」(注3)の始発駅であり、日中は北陸方面への連絡客が新幹線から乗り継ぐたびに、いっときのにぎわいを見せてもいるのだろう。だがそれも、いま彼の乗っている夜行急行「能登」が廃止になるのと同じ事情である、数年後の北陸新幹線金沢開業で、二十年に満たない歴史上の一コマとなることが、決まっている。

二十世紀が終り、それまでよりもさらにめまぐるしく転変する社会のすがたが、この夜行列車と越後湯沢の駅にも凝縮されている。そう彼は思った。一方で、自分と越後とを結びつけているものの深さ、かたくなさに改めて思い及び、今回の越後行に彼を誘(いざな)った一枚の水彩画と、その絵に秘められた不思議な因縁とを、一つずつ確かめるように呼びかえしはじめた。

三ヶ月ほど前、妻が下の娘の二度めの出産の手伝いで家を留守にしている時、無聊(ぶりょう)をかこつ彼のもとに、小包がひとつ、届けられた。大きさと梱包から、それが八号ほどの絵であることはすぐわかった。しかし小島小夜子という、差出人の名前には、まったく心当たりがない。とはいえ彼も乏しいながら画業をつづけて来た身でもあり、見ず知らずの若い描き手から作品を送られるということには、いくらか経験がある。住所も長岡だから何かの縁だろう、と思いつつ梱包をほどくうち、何やら胸騒ぎがしはじめた。ふと思い出して差出人の住所をもう一度たしかめると、長岡市のあとには与板町〇〇と、丸みを帯びた字で記されている。与板・・・。そう言えば、何年か前に長岡に吸収合併されたようだったが、という近い記憶と、すぐには確かめられないが何か深いところで強く呼びかけて来る遠い記憶とが、せめぎ合う。

記憶をさぐり当てるのももどかしく、急いで梱包を解いた。あらわれたのは、淡い水彩画で、黄色く実った稲田の左側に川が流れており、そのほとりに、野良着姿の母親と、十歳前後とおぼしき少女が二人で立っている。構図や筆づかいから、絵を勉強した者の作であることはわかったが、その作品をもって画壇に評価を求める、というような意図のものでないこともまた、明白だった。

そしてまた、そこに描かれた母娘の姿は、何かこう、切ないというよりも、もっと痛切に、彼の胸に迫るものがあった。それは与板という旧町名が突き上げて来る胸騒ぎと、通ずるものである。

そして、当たり前ならば作品に添えられてあるべき挨拶文なり、自己紹介なりに当たるものが、いたって簡略に過ぎ、謎めいたものであることが、一瞬彼を憤らせた。しかし、そこに書かれた「母」の名を目にした時に、彼が感じていた胸騒ぎは、ただちに現実的な迷いと疑念とに、変質したのであった。

〈突然の失礼をおゆるし下さい。
母　小島佳奈枝は、昨年亡くなりました。
もし、母とわたしにお心当たりがありましたら、
一度でいいですからご連絡下さい。〉

梱包の差出人のところにも、このことが書かれたカードにも、電話番号は書かれていない。かわりに、横書きのカードの一番右下に、小島小夜子の名に添えて、メールアドレスが記してある。連絡はメールでして欲しい、ということのようだ。

当たり前なら、その体裁の素っ気無さに、彼は立腹しただろう。しかし、最初に目にした絵の印象と、考えに考えて書いたらしいカードの言葉、そして何よりも昨年他界したという、「母　小島佳奈枝」という文字が、彼の心を鷲摑みにしたのである。

小島という姓は知らない。だが、「佳奈枝」というその名には、覚えがあった。

長岡の隣り、新潟寄りの三条との間に、見附（みつけ）市がある。「平成の大合併」で長岡市が周辺の市町村を吸収合併した際にも取りこまれず、独自の地位を保持している市なのだが、「本町」を中心とする見附町（市）と「今町」とが、昭和の半ばに合併した由来がある。その本町と今町とが、信越本線の見附駅から二キロほどずつ離れている、人口四万人あまりの小規模な市であるが、彼にはこの見

附の地に、忘れがたい思い出があったのだ。

かつて本町に、深いつきあいの取引先が一軒あった。利幅の大きい小千谷縮(おぢやちぢみ)を卸してくれる、彼にとって大変ありがたい問屋であり、あわせて後年のことではあるが、新潟市内で個展の開催をサポートしてくれるなど、長年越後の物品と風物をよりどころとした彼には、言葉にできぬ大恩のある商家だった。

その商家の先代に可愛がってもらううち、今町の小さな居酒屋にも、時おり足を運ぶようになったのだ。

今町と本町とは、もともと別の町だから、その間は三〜四キロメートルはなれている。鉄道の駅がその中間に設置されたのは、今町に配慮した面もあったのかも知れないが、どちらかと言えば線路を直進させる目的の方が大きかったのではないかと、かつて本町と今町の双方に親しんだ頃の彼は理解していた。

ある日、先代に「今日は今町の、あんたによさそうな店へ行こう」と誘われて、今町まで飲みに出かけたことがあった。先代は彼のことを行く先々で「やがては越後を広く知らしめてくれる大画家になる」などと持ち上げてくれるので、初対面の店ではいつも面映ゆい思いをしたものだが、その今町の店の若おかみは、自分で絵筆を持つことこそないが昔から絵が好きだと言い、初手から好感を持ってくれたようであった。

その時は、本町の先代おかかえの車でその本宅まで連れ帰って泊めてもらい、それからしばらくは、そのような仕事を離れたつきあいが続いたのだが、やがて先代が他界すると、本町の商家との関係も商用中心となってゆき、かわって今町の居酒屋に足を運ぶことが、いっとき彼の越後での日々を彩ったのである。とはいえそこで特別に絵のことを話すこともなければ、妻子持ちである彼が、よこしまな思いを持って店をたずねていたのでもない。

佳奈枝という、その店の若おかみは、ただ年齢が三十前後か、それよりも十かそれぐらいまで、重ねられているかも知れぬという憶測のほかに、「若おかみ」という通称の所以があったわけではない。ただどこか、まだ男を知らないのではないかとさえ思われる風貌から、周囲の者たちがそう呼んでいたにすぎないのであった。

突然送られて来た水彩画、そこに描かれている母親が、その佳奈枝だというのだろうか。そして添えられたカードには、「母とわたしにお心当たりがありましたら」と書かれている。「佳奈枝」という名が記されておらず、あるいは「母」だけを問い、「わたし」を対象にしていなければ、彼が深く考えこみ、日を経て越後まで足を運ぶことも、なかっただろう。

見ず知らずの女の名で、ちょっと心に呼びかけるところのある水彩画が送られて来たといっても、それだけで、過去に同種の経験を持つ彼が、狼狽する理由はなかったのだ。

いく度も彼は、水彩画とカード、そして梱包の表書きと裏書きとに眺め入った。にわかに感情移入するわけではないが、もしや、と思って考えると、思い当たるものがある。

すなわち、小夜子と名乗る差出人が、自分の娘である可能性を、否定することもできないのだ。

それはただ一夜だけのことだったが、小夜子の問いかけと符合する二十数年前の冬、佳奈枝の店の二階に、泊めてもらったことがある。その夜は宵の口から降り出した雪が思いもかけない大雪となった。いつものならいで九時ごろには車を呼んで見附の駅に戻り、長岡のホテルに帰るつもりでいたのだが、突然の大雪で、車の手配がつかない。見附駅まで、歩いて歩けないこともない、と彼が言うと、佳奈枝は強い口調で押しとどめた。

「いけません。こんなに雪の多い日は、けっして外に出てはなりません。いのちに直接、かかわりますから。」

しかし、それでは、と言いかけた彼に、佳奈枝は今度は、ひどくたおやかな声で言ったのである。

「わたしは、酒井さんを信じています。今日はどうぞ、二階にお泊り下さい。」

とっさに返事をすることはできなかったが、それから一人二人、近在の客が飲みに来ては、大雪を理由にすぐ引き上げて行くひとときを、彼は佳奈枝の店のカウンターの片隅で、ちびちびと銚子を傾けていたのだった。

最後の客が帰ると、佳奈枝は店じまいを済ませ、二階に二間ある片方の自室で小さな膳を出しながら、ぽつりぽつりと、自分の過去のことを話しはじめた。曰く、二十代の半ばになって、家の圧力で心ならずも嫁いだこと。なかなか子どもが出来ず、最後は追い出されるように、婚家を離れたこと。

そして二十歳すぎの若い頃、心底愛した恋人がいて、その恋人を山の豪雪で失ったのだと告げたとき、彼にとっても、佳奈枝はすでに、他人であるとは思えなくなっていた。

　音なく積もる雪が何かを重ねて行くのを感じながら、いつしか佳奈枝が、誰にも打ち明けなかったのであろう自分自身の昔語りをしていることに、あやういものを覚えてはいた。さらに、これもまた思いがけぬ大雪のもたらした気の迷いが手伝ったのであったか、どうか。彼はその時、佳奈枝の独白を聞き取り、その思いを受けとめてやることが、その夜の自分に課せられたつとめのように、思ってしまったのかも知れない。

　その後ひととき、彼と佳奈枝は、互いに抑えることのできない激情を重ね合った。

　翌朝、佳奈枝は朝餉をととのえ、身の回りにも何かと気を配ってくれたあと、彼を表の通りまで見送りながら、細い声で言った。

「お願いします。ゆうべのことは、どうか忘れて下さい。」

　それが、佳奈枝の姿を見た最後のことだった。


　その後ほどなくして、佳奈枝が店をたたんだという噂が、彼の耳に入って来た。もしやあのことが、と気になった彼は、それからしばらく、つてをたぐって、佳奈枝のゆくえを追ってみた。しかし与板あたりの素封家(そほうか)の出らしいというところまでしか、その足どりはつかめなかった。当時アトリエ兼倉庫としていた仕事場の連絡先は、あの夜佳奈枝にわたして来たのだから、もしも自分に言うべきことがあるのなら、必ず言って来るはずだ。それがないということは、自分にはかかわりがないか、佳奈枝がそれをのぞんでいないかのどちらかだろう。そう考えて、彼は佳奈枝の足跡を追うのを止めたのであった。

それから二十数年。何かの折にあの一夜のことを思い出すことはあっても、それは本当に遠い、まぼろしのような記憶の一断片となっていたのだ。

おそらくあの佳奈枝の娘であり、もしかしたら自分の娘であるかも知れぬ小夜子という人物から、心の底に食いこむような水彩画が送られて来なければ、あの夜のことは遠い記憶のまま、いつまでも意識の底に沈んでいたかも知れない。

だが、小夜子の絵を受けとり、あわせて佳奈枝の名を目にした刹那から、佳奈枝の面影が急に鮮烈によみがえって来た。あの夜、思いがけぬ大雪のさなかに自分の身を案じてくれ、いかなる思いの交錯だったか、いっとき互いに己を忘れて、熱い血潮をたしかめ合ったあの佳奈枝が、つい去年のこと、まだ若かったであろうにはかなく世を去ってしまったのだという。

言葉にすることのできぬ、悔いとも懺悔ともつかぬものが、突き上げてきた。

また、佳奈枝の娘だと名乗る小夜子という女は、はたして自分の娘であるのか。そしてその可能性があるとして、彼女は何を、自分に求めるつもりでいるのか。

彼のこれまでの人生の軌跡を書きかえるばかりか、いま現在の生活をも大きくゆるがしかねない唐突な到来物を手にしてから、四、五時間、彼は自宅の書斎の中をぐるぐると歩き回って、すぐには答えの出ない問いと向き合っていた。妻が家を留守にしている時期だったのが、幸いでもあった。

そして彼は、やはり考えに考えたすえ、創作上の諸方面へのやりとりや、今でも細々とインターネット上で取り引きを継続している商いのための専用のアドレスから、小島小夜子にメールで返事をしたのであった。

とつ追いつ、遠い記憶と近い記憶を交互に呼びかえしているうちに、いつしか列車は、上越線と信越本線とが長岡の南方で合流する、宮内駅への合流点にさしかかっていた。ずいぶんと徐行している。宮内駅へ下りてゆく上越線のオーバークロスの上でしばらく停車し、少し動いたかと思うとまた停まる、その間に、直江津方面へ向かう信越線の上り線を、短い寝台列車が通過して行った。

長いことこの越後へ、東京からだけでなく、大阪・京都や青森、秋田など、各方面から汽車での旅を重ねたことのある彼にとって、その短い寝台列車には、何か腑に落ちないものが感じられた。しばらく考えて、それはやはり、列車の編成が短すぎることにあるのだろうと、彼は思い至った。そろそろ六十代も半ばを迎えようという彼にとって、やはり長距離列車とは長い編成であるのが当然であり、とりわけ寝台特急は、十輛以上の堂々たる編成であるはずだということが、大前提だったからである。

それなのに、先ほど見送った直江津方面行きの寝台特急は、七輛か八輛ばかりの、短い編成と見受けられた。自身が乗車している夜行急行列車「能登」でさえ、九輛編成だ。実際の編成長以上に短く感じられる寝台列車は、何かおとぎの国の雪景色の中をとぼとぼ走る、夢の夜行列車のようにも思われた。

しばらくすると、彼の乗る「能登」は速度を増し、軽快に長岡操車場の下り側を通り過ぎて、深夜の長岡駅へと到着した。到着と言っても、乗客の乗り降りはない「運転停車」である。時刻表に到着・発車時刻の載っていない午前二時前後のひとときに、見附や与板にもほど近い長岡での彼の思念は、ふたたび未知の小夜子と既知の佳奈枝という二人の女、いや母娘であるという二人の身の上へ、収斂(しゅうれん)してゆくのであった。

長岡で進行方向が逆向きとなり、列車は直江津へと向かう。柏崎を過ぎるまでは、中越地方の内陸部を通る。日中なら特急であっても柏崎を通過する列車はないが、夜行列車は別である。

降り積もった夜の山中の雪景色を眺めるうちに、先日から何度かやりとりした小夜子とのメールの内容が、あるいは鮮明に、あるいは断片的に、よみがえって来る。

〈ご連絡をいただき、ありがとうございます。また先日は、たいへんぶしつけに拙い絵をお送りして、すみませんでした。あんなものをお送りしてよいものかどうか、悩んでしまったものですから、無視していただくか、お叱りを受けるか、どちらでもいいように・・・お叱りを受けたら、素直におわびしよう。そう思って、あんなかたちにさせていただきました。ごめんなさい。〉

彼がまずほっとして、嬉しくも思ったのは、彼がメールを送るとすぐに返って来た返事の、冒頭の挨拶だった。この娘は、無礼な娘ではない。そう安堵するとともに、やはり昨年他界した小島佳奈枝があの見附の佳奈枝であることも、うたがいないと確信された。メールの文面であっても、小夜子の言葉づかいには、佳奈枝の口調を髣髴させるものがあった。同じような手ざわりの文面で、佳奈枝の病と最期のことを伝えるくだりでは、佳奈枝の若すぎる死をいたむ思いがこみ上げたが、同時に佳奈枝と小夜子に、ある親しみさえもが感じられた。

〈母は、女手ひとつで私を育ててくれました。「お父さんがいない」こと以外には、何ひとつ不自由を感じたこともありません。〉

だが、このくだりにさしかかった時、さすがに彼は、横隔膜のあたりから肩口にかけて血が逆流するような緊張を覚えた。次にどのような言葉がつづいて来るのか、たやすくいくつかの流れが予測されるが、しかし実際には何と書いてあるのか、わからないからである。

そして、小夜子がその直後に書いて来た内容は、意外なものだった。

〈母は亡くなるまで、わたしの父親がどのような人なのか、教えてくれませんでした。〉

いま、夜の越後を走りぬける列車の車上にあって、静かにそのメールを読んだ時のことを思い返すと、彼は自分ながら不思議な冷静さで小夜子の告白を受けとったものだと、改めてある種の感慨を覚えていた。

すなわち、どうやら小夜子が自分に対して、「父」であることを認知しろと言って来た、あるいは佳奈枝がそのように言い残した、そうした訴えではないらしいということが判じて行く過程で、彼はこれっぽっちも、自分の身が救われたという感覚を、受けなかったのである。

もちろん、佳奈枝のことを鮮明に思い出し、なつかしさを越える愛惜を覚えたからと言って、小夜子が自分の娘であることを、望んだわけではない。また、妻や娘たちに対して、後ろめたさがなかったわけでも、当然ながら開き直る気持ちになったわけでもない。ただ、小夜子が送って来た絵に満ちている真率さと、はじめて受けとった、さほど長くはないメールの文面でありながら、そこからは、昔日のあの佳奈枝のたたずまいそのままのつつましさが感じられて、結論や事後に対してあれこれと斟酌（しんしゃく）するよりも、まずはありのままの佳奈枝と小夜子のありようを、知りたいと思ったのである。

つまるところ、小夜子は父の顔を知らずに育ち、長じては自分の父がどのような人物なのか、それだけでも知りたいと願ったが、母はそのことだけは、明かさなかった。しつけや行儀などにはきびしい反面、分を超えさえしなければ、望むものは無理をしてでもすべて与えてくれた母だったが、「父」についてだけは、明らかなものは残してくれなかった。

ただ、確証はないものの、死期が近づいてから、母は自分の思いに応えるかのように、ある暗示めいたことだけを、伝えたのだという。

〈それは、わたしが小学生のころ、母がどこからか買って来た、清津峡を描いた風景画でした。その絵を、わたしにずっと大事にするように、たとえお嫁に行くことになっても、手放すことのないように、と言い残したのです。亡くなるひと月ほど前のことでした。〉

今度は彼の身ぬちを、全身の血が冷めながらわき立つような興奮と、あやしい胸のざわつき、そして佳奈枝と小夜子に対する懺悔の思いとが、つらぬいた。清津峡（注4）の風景画とは、自分が描いたものに違いない。たしかにそれを、新潟で開いた個展に出したことがあったのだ。むろん佳奈枝が買ったということは知らなかったが、小夜子が送って来た水彩画の構図や色感の特徴といい、佳奈枝の遺言めいた言葉といい、自分が小夜子の父親であるかも知れぬ可能性を、考えないわけに行かなかったのだ。

〈わたしは母の思いを、大事にしたいと思っています。母はわたしを、きちんと育ててくれました。そして唯一、わたしに伝えることのできなかった「父」についても、最後までつらぬいた母自身の思いをくつがえすことなく、それでもわたしに対して、じぶんの生まれを信じるようにと、言いたかったのではないでしょうか。わたしにはここまでしかわかりませんから、母が残してくれた手がかりのまま、先生にわたしの絵を見ていただきたい、そう思って、絵をお送りさせていただきました。〉

彼にしても、はたして佳奈枝の真意が奈辺にあったか、また小夜子の父親が自分なのか否かという点について、小夜子のメールの文面だけで、確たるところを類推することはできない。ただ夜汽車の車中であるためか、いっとき彼の胸の中を、佳奈枝についてのひとつの空想が流れすぎた。

あるいは佳奈枝は、子を宿した時に、自分が心底愛した恋人の子なのだと、思いたかったのではないか。結婚は不本意だったが、そこで子を生すことができれば、人生も変わったはずだと、あの夜、たしかに彼女はつぶやいた。しかしその結婚は、佳奈枝の傷を深くするものでしかなかったのだ。小夜子が自分の子であるかどうかは無論わからないが、子を授かり、産む時には、佳奈枝は強い意志を持っていたはずだ。男を寄せつけないと噂されていたのも、たおやかな物言いと物腰でありながら、芯には強いものを秘めた女だからだと、評する者は多かった。あの佳奈枝なら、偶発的な結果であれ己の身に宿った命を、人生のすべてを切り替えるよすがとして一人で育てる、そのような覚悟を持っても不思議はない。

ふたたび小夜子のメールの文面を思い出す。

〈わたしは、母の思いを尊重し、父がどなたなのかということを、特定するつもりはありません。ただ、わたしも来年の夏に、結婚することが決まりました。相手の人は、わたしの家庭環境をすべて承知の上でわたしを迎えてくれると、言ってくれています。なにも心配することはないのですが、ただ、自分もいずれ母親になると考えた時、両親の愛情というものを知らないままでは、不安があります。かりそめであっても父のぬくもりというものだけは、知っておきたいと思ったのです。〉

列車は柏崎を過ぎて、日本海に臨む線路上を走っていた。彼の座席は山側で、長岡からは全席が進行方向に背を向ける状況になっている。満席でほとんどの乗客が眠っているから、座席の向きを変えることができないためである。

ちょっと窮屈だが、今夜のように物思いにふけるためにはちょうどよいかも知れない、と思った時、彼の目に、思いがけない景観があらわれた。それは山体のほとんどを真白く染めた、米山の姿であった。

米山は、上越から下越に至るまで、特に海沿いを走るとよく目に入る、越後の象徴的な山である。

だがこのようなタイミングで、このような角度から目にするのは、深く越後になじんだ彼にとってもはじめてのことであり、彼はしばらく息を呑んで、その姿を見つめていた。暗い夜空にそびえ立つ雪山は、神々しいばかりに美しい。

　考えてみればごくあたりまえのことだが、海側に座っている時は折りにふれて見える程度の米山が、山側の後ろ向きの車窓からは、ずっと見えている。見方を変えると、米山は旅する者たちの後ろ姿を、いつも黙って見守ってくれているのかも知れない。

　だんだん小さくなってゆく米山の姿にずっと見入っているうち、右側から北越急行の線路が合流し、さらにしばらくすると見慣れた関川の流れを渡って、列車は直江津に到着した。信越本線をこちら側から建設して行った歴史のある駅で、先代の駅舎は山小屋風と言われ、風情のある建物だった。北陸新幹線は直江津も、高田さえも通らないから、金沢延伸後はずいぶんとさびしくなることだろう。越後湯沢で感じたのと同じ寂寥を、彼は覚えた。そして今回、図らずもこうして越後への旅に来られたことを、ありがたく思った。

　直江津を出ると、列車は糸魚川（いといがわ）に停車する。ここが今回の越後行の、目的地のひとつだ。糸魚川にも、親しみは深い。たのまれて手がけることがほとんどだったが、糸魚川が国内有数の産地であり、加工・販売拠点である翡翠の入手を、望む顧客がいたためである。駅前の商店街に、年に数回ではあるが定宿とした旅館、翡翠を仕入れた宝飾品店があって、この町をたずねるのは、大きな楽しみだった。

古代、それも神話の範疇に属する大国主命の時代、当地には奴奈川姫という美女がいて、大国主ははるばる出雲からたずねて来て求愛し、奴奈川姫を娶ったという。むろん、単なるロマンスではなく、強国出雲が越（高志）の国まで、版図を広げる過程で起こった逸話なのだろう。いつしか彼は、この奴奈川姫伝説と、翡翠の澄んだ緑色のかがやきに、言い知れぬ親しみを覚えるようになっていた。それゆえ郷土の文献等をさがすため、駅前の書店にも、町をおとずれるたびに足を運んだ。それほど糸魚川には深い思いと縁とがあった。

実地に足を運ぶ形での商いをたたんでから、もう来ることはないかと思っていたのだが、古い歴史のある駅構内の様子を見ても、まるで郷里に帰って来たようななつかしさを覚え、その意味でも、彼は今度の越後の旅に、己が人生と不可分のものを感じとっていた。

二月の早朝の到着だから、当然町はまだ暗く、駅の待合室で時間を過ごすこととする。大糸線の列車が六時四分の発車で、こちらも間もなく引退となる気動車を目当てとするらしい、カメラを持った鉄道ファンと思しき乗客がかなりいるので、ただ時間つぶしをするように不審がられることのないのは幸いである。

二本の大糸線の列車が発車して行き、だんだん外の様子が明るくなって来ると、彼はなつかしい糸魚川の市街に、歩みをすすめた。ひととおり町を歩き、海を眺めて、昔なじみの旅館が宿泊客の朝食をはじめる頃には、無理を言って邪魔させてもらうことになっている。前回、それはもう七、八年ほど前のことだったが、これが最後かも知れぬと言って別れを惜しんだ旅館の主は、二つ返事で無理な頼みを聞き届けてくれたのだった。

ながく親しんだ主との再会は、互いに嬉しく、限られた時間はまたたく間に過ぎてしまった。昔のように朝の酒をすすめられたが、年齢と夜行の強行軍を理由に、それは固辞した。このあとの予定にひびくのが、もっとも大きな理由だったのだが。

ほどなく彼は、これも前もって連絡し、昔のように通常の開店前に迎えてくれたなじみの宝飾品店で、小夜子への心ばかりの祝いとすべき、翡翠のブローチを購入した。いずれ越後とのかかわりをつづったエッセイなどを、自分でイラストも添えて本にするつもりで貯めていた資金のほとんどをつぎ込んだが、昔をなつかしみ語り合う女主人との会話の中で、今はもう若い人に似合う色の、こんな見事な翡翠は採れないと聞いたことが、ささやかな佳奈枝と小夜子への贈り物としてふさわしく思われ、彼自身の心にもわずかななぐさめとなったのである。

糸魚川の駅に帰って新潟までの切符を入手し、金沢から来た越後湯沢行きの「はくたか5号」に乗りこんで、直江津へ戻る。直江津では信越本線の新井始発新潟行きの快速「くびき野3号」が待っており、これに乗り換えて新潟へ向かうことができるのである。直江津までは二十分あまりの所要時間で、ここでは海側の席に座って、あるいはふたたび来ることがないかも知れない、日本海の眺望を楽しんだ。冬にしてはめずらしく、うっすらと佐渡が見えていた。

直江津からは、快速のグリーン車指定席で、山側の席を取っておいた。これから新潟へ向かうためにに、ぜひともそちら側の朝の景色を、眺めて行きたかったからである。

糸魚川からの車中、長いトンネルを抜ける間に、気持ちが澄み切って、思いが固まっていた彼は、席に落ち着くとすぐ、携帯電話をとり出した。小夜子と今日、新潟で会うことだけ決まっているが、詳しい待ち合わせの場所までは、決めていない。そしてもう一つ、まだ返事をしかねている問いに対しても、知らぬふりはできぬのだった。

〈一度だけ、お父さんと呼ばせていただけませんか。〉

その問いだけには、慎重にならざるを得なかった。間違いなく佳奈枝の娘であり、何度かやりとりしたメールの文面からも、真率な絵の筆づかいからも、小夜子の人となりをうたがう余地はない。メールで諾の返事を与えたとて、あとで困るようなことはないだろう。だが、やはりその覚悟を決めるためには、小夜子自身と会わなければならないし、軽々しくメールで答えられるようなことでも、またないのであった。

しかし、あの佳奈枝との夜に通じるような雪のひと夜を越後路の夜汽車にゆられて過ごし、奴奈川姫（ぬながわひめ）と翡翠のかがやきに再会してその力を受けとめた彼は、ひとつのゆるぎない意志を、すでに固めていた。

小夜子の思いには、応えてやらねばならぬ。それで小夜子が思いを満たし、これからの人生に対するよりどころを持つことができるのなら、どんな祝いの品よりも、自分の娘であるかも知れない小夜子にしてやれる、せめてものことではないか。

だが、佳奈枝が強い思いを持って、たった一人で小夜子を育て上げ、死に臨んでまでも、小夜子の「父」を暗示するにとどめたというその事実も、かぎりなく重い。少なくとも自分が軽率な感傷にひたって小夜子の父親気取りをすることは、許されまい。

小夜子がのぞむ、彼女にとっての「父と思しき存在」に徹することだけが、佳奈枝と小夜子の二人に対して、自分のとりうる最善の方策なのだ。そう彼は思いきわめた。そして小夜子に、短いメールを送った。

〈天気がよくなったから、萬代橋で会いましょう。いろいろ話を、聞かせて下さい。〉

短い言葉に、多くの思いをこめたつもりだった。

冬にはめずらしく晴れ間の見える頸城平野は、遠くの山裾まで、目に映るかぎりの一面が純白の雪原となっていて、その白さがまぶしいばかりである。そして行く手には遠く米山がかがやいて見え、佳奈枝の面影が重ねられて、彼の心を小夜子のもとへと急き立てるのであった。

了

(注1　上野発長岡経由直江津行きの急行「よねやま」の季節停車。特急『とき』とともに走った主力の急行『佐渡』などは、水上の次の停車駅は越後湯沢だった。

(注2　粘着運転(車輪とレールの摩擦力で重量を支え、車輌を推進させる)を基本とする鉄道は、勾配に弱い。円形を描いて勾配を緩和するループ線、直線を行き来させるスイッチバック、さらには歯車を組み合わせるアプト式などのさまざまな手法が、日本の山岳路線に取り入れられた。粘着運転の最高度の技術を駆使したのが、横川‐軽井沢間のＥＦ６３形電気機関車による昭和三八(一九

六三）年〜平成九（一九九七）年の碓氷越えである。

（注3　今年、平成二七（二〇一五）年三月一三日に、翌日からの北陸新幹線金沢延伸開業に伴ってその使命を終えた北越急行（ほくほく線）経由の特急『はくたか』は、同線内で「2G信号（緑＝青信号が二つ点灯する高速走行信号）」を駆使した時速160㎞運転で、新幹線以外の最高速を誇っていた。「スーパー特急」とは、在来線との三軌条利用で進発した山形新幹線の登場以前に、「フル規格」「160㎞／時運転のスーパー特急」「在来線併用型」のプランの中で用いられた呼称であったが、「長野新幹線（平成九／一九九七年一〇月に、現・北陸新幹線が長野まで部分開業した後の、金沢開業までの呼称。当初は、東京駅や上野駅などでは、『長野行新幹線』と表記された）」以降の整備新幹線がいずれも最終的にフル規格で作られたため、これまでに実現したケースはない。

『はくたか』に対する「スーパー特急」も正式な呼称ではないが、実質的なスーパー特急であり、鉄道を愛する人々の一部に通称として用いる向きも見受けられたため、十八年間の活躍を讃え、記念する意味で、本作でもそのように表した。

（注4　清津峡は、越後湯沢の北西に位置する景勝地で、日本三大峡谷のひとつに数えられている。柱状節理の見事な絶壁のほか、紅葉の美しさでも知られる。

遺構

八ヶ岳での吟行会へ向かう途中、久しく足を運ぶことのできなかったとある場所へ、小さな旅をした。中央東線（本線）(注1)岡谷―塩尻間の、辰野回りの在来ルートである。かつては堂々たる本線として新宿―松本間のメインルートでありながら、塩嶺(えんれい)トンネルの開通によって徐々に裏街道の地位に追いやられ、現在では区間を全通する列車すらほとんどない。学生時代の冬の旅で心に焼きついた光景の強烈さもさることながら、この短い区間内にひとつの「遺構」のあることが、この一、二年より強く私の関心をそこへ引きつける原動力となっていた。以前に何度か往復したことのある道すじだが、今はどのように変わっているのか。その姿を見てみたい。そんな思いが、私のうちにずっと潜んでいたのである。今回はからずも、名古屋から小渕沢への旅程を組むこととなり、このルートはごく自然に、容易に組みこまれることとなった。

遺構にあっては、現在から未来に向かって躍動する時間は感知されない。すべてのものは不変であるかの如く、しかしわずかずつ、確実に変容をきたしている。ほとんど知覚されることのないその変容こそが、遺構において時間と空間を支配するもののすべてである。そこに立つ人間も、おのずから遺構の一部と化して、止水の如き変容に対峙するのみである。

明治のむかし、中央線が建設された時、地元出身の代議士の運動で、線路は岡谷から塩尻へ直進せず、天竜川に沿って辰野を経由することになった。この代議士の名前を線路に冠して、「大八回り」と呼んだらしい。中央本線の全列車は長くここを通っていたが、昭和五八（一九八三）年七月、距離にして十六キロ、二十分近い時間を短縮する岡谷─塩尻直通の塩嶺トンネルが開通した。岡谷と塩尻を両端に、二点をV字形に結んだ下の頂点が辰野だったわけだが、もう一本、両端を直線で結ぶ線路が敷かれたことにより、鉄道の三角形がここに存在することとなった。三角形の二辺と一辺の道理は誰でも知っている。まず、特急が、二十分早い直通の一辺を通ることになり、はじめはV字を回っていた急行もやがてこれにならった。V字の頂点でもある辰野からは伊那谷を下る飯田線が出ているので、列車の流れもこれに合わせて整理され、今ではV字を全通するのは夜行を含めて一日わずか二往復のみである。加えて直通ルートの開通は、ひとつの信号場を廃止に追いやった。単線の大八回りを全列車が通っていた頃、上下列車の行き違いをしていた東塩尻信号場である。臨時乗降場として乗客の乗り降りもあった山の中の小さな信号場だが、塩嶺ルートの開通で不要のものとなり、同じ昭和五八（一九八三）年の一〇月に廃止された。

名古屋を出た特急は途中木曽福島などに停まり、二時間ほどで塩尻へ到着する。ここで諏訪、甲府、新宿方面へは乗り換えとなるわけだ。この塩尻駅と、東西の中央線のことについては塩嶺ルートの開設以外にもいろいろ経緯があり、概略だけでもゆうに数ページを要するほどであるが、それについてはこの場では直接関係がないので、省くこととする。中央東線の主な列車はみな塩尻から塩嶺トンネルを通って岡谷（途中みどり湖）へ向かうが、それとはべつに辰野へ向かうかつての本線、なかんずくその途上にあるはずの東塩尻信号場の跡をたずねることが、今回旅程の一部ながらきわめて重要な「遺構」への旅の焦点なのである。塩尻から辰野への列車は一日わずか十六本。四十分ほどの待ち時間は、小雨の降りしきる塩尻市内の散策に費やした。

一二時九分、塩尻発辰野行きの列車に乗る。列車と言っても途中乗り降りの場合は運賃現金払いのワンマンカーだ。ＪＲのローカル線や第三セクターの路線には、主として人件費抑制のためだろう、この種のワンマンカーが近年大変多い。夏に乗った四国の予土線もそうだった。窓に背を向けるロングシートなので旅情には乏しいが、それがその地の実情なのであれば仕方ない。乗客がせいぜい二、三十人しか乗っていない単行の列車に運転士と車掌の二人が乗務していたのでは、傍目に見ても人件費の無駄であるし、少しでも合理化して鉄道を残すことが本道だろう。途中で乗った人は整理券をとり、降りる時に運賃箱にお金と一緒に入れるのである。バスの形態を思ってもらえばいい。一輛の両端に同じ設備があり、後ろの運賃箱にはカバーがかけられて、整理券発券機だけが途中駅での停車時のみ作動する。網棚に荷物をおいて、その発券機のかたわら、車輌後ろの右側のドアのところに陣取った。信号場の跡をたずねると言っても、今回は時間もなければ車もない。通り過ぎる列車の中からその様子を確かめるだけである。鉄道の遺構を見るのだからそれで十分だとも思われるが、見落としがあってはならない。こちら側に立てばドアの窓越しに引き上げ線や引き込み線がよく見えるだろう。通り過ぎたら後ろの運転席の窓から、遠ざかってゆく様子を見つづけることができる。もっともこちらから行った場合、通り過ぎるとすぐトンネルに入ってしまうのだが、いずれにしろこの列車で遺構をとらえるために望み得る最高の位置である。車内は一輌分の長いロングシートがほぼ埋まり、立っているのは私一人、というあんばいだ。一時間に一本のワンマンカーでちょうど良い地域の実情に、旅人の感傷は無用である。そればかりか、遺構を訪ねるための足がかりに、これほど合っているものはないとまで思われた。

　複線の中央西線を右手に見送って、旧塩尻駅の跡を通過するあたりまで、線路は幾本も並んでいる。さらに塩嶺トンネルへ向かう高架の複線とわかれたところから、塩尻へ向かう単線の行程、山のひだに沿うような遺構への道のりがはじまるのだ。はじめてここを通ったのは、塩嶺ルートの開通する前の年だった。友人と二人で歌舞伎町で一杯やったあと、二三時五五分発の長野行きの普通列車に乗り、早朝松本で乗り換えて、仁科三湖へ向かったのである。未明の甲府駅でワンカップを買ったのもこの時が最初だ。甲府で一時間近く停車、長い乗車の疲れと酒の酔いとでいつしか前後不覚となり、この時ばかりは八ヶ岳の麓の駅も諏訪湖の夜景も全く意識に上っていなかった。座席に横たわって眠っていたのだが、ガタンと大きく揺れたために起こされて、寝呆けまなこで外を見ると、日の出前の薄明りの中に冬枯れの山の斜面と、わずかにひらいた平地の中へ突っ込んでいるような一本の線路が目に映った。山の奥にまで、続いているようだ。一瞬、塩尻駅についたところかと錯覚した。その線路が中央西線だろうかと思ったのである。しかしそれにしてはホームも見えないし、中央西線だとすればあまりにもわびしすぎる。第一、塩尻駅がこれほどさびれた場所のはずがない。すぐに考えを訂正して、いろいろめぐらせてみたが、半眠半酔のせいもあってどうにも結論に及ばない。そうするうちに、音を立てて上り列車が通り過ぎた。いよいよ謎は深まるばかりだ。まもなく列車は動き出し、三分ほどで塩尻駅に到着した。狐につままれるとは、このことだろう。一体、さっきの停車は何だったのか。それが東塩尻信号場（臨時乗降場）であったとはっきりしたのは、結局翌日の帰路のことだ。さらにスイッチバックの信号場での行き違いであったと得心したのは、翌年発行された書物（注2）を読んでからのことだった。それにしても、停車中に「東塩尻です」という放送を聞いたような気もするが、月日がたつうちに判然としなくなってしまった。今となっては、もはや確かめるすべもないのである。

安曇平の南のはしが塩尻で、塩嶺峠に向かって谷のように長く狭い最後の平地が延びている。その中央を塩嶺ルートの線路が走っており、辰野への在来線は南側の山の斜面にとりつくように蛇行してゆく。左側の車窓からは、塩嶺ルートの高架線がずっと見えている。線路のまわりは狭いながらも平地がつづき、一方こちらの線路はその平地を見おろすような一段高い山のすそを走ってゆく。右側の車窓はずっと山の斜面で占められて、古い記憶のままの眺めである。カーブするたびに、信号場の跡がずっと姿をあらわしそうだ。心の底にひそめておいた遺構のひとつに、刻一刻と近づいてゆく。

過去において一度ないし二度以上見たことのある対象を、ことに汽車の車窓に追ってゆくことは、まだ見ぬ景色を待ち受ける場合とは異なった準備と集中力とを要求されることである。はじめて見るときと違って、それにまつわる過去の記憶を呼びおこしたり、あるいはさらに飛躍してとんでもない想念の中にひたったりして、肝心の場所を見落としてしまうことがよくあるからだ。過去の体験の多い少ないや、またそれが古いことであるか新しいことであるかによっても、勿論この状況は違ってくる。おおむね三、四度通っている場所の時に、こうしたことは多くあるように思う。それ以下の場合に見落として通り過ぎてしまうのは、対象がよくわかっていないために起こることだ。それ以上の場合は、通勤の経路など毎日見つづける風景は別にして、ある対象を見ようと意識していればよく慣れた場所であるために見過ごすことはほとんどない。私にとって、中央東線の八王子—甲府間などはこの域をさらに超え、目をつぶっていてもそこがどこであるかわかるほどの親しさとなっている。ところが同じ中央東線でも、過去に二、三度往復しただけで、しかも十年近く来たことのないこのルートの、それも廃止されて一瞬の間に通過するだけの信号場の跡を見ようというのだから、いつその光景が飛びこんできてもいいように、気をひきしめてかからなければならない。いい大人が窓にとりついて、夢中になっている姿と思えば多少気恥ずかしいが、それはそれ、八年ぶりの大事な取材だ、と自ら言い聞かせて、来るべきものを待ち受ける。

塩尻側から向かった場合、目印らしいものはほとんどなく、左カーブを終わったところにわずかにひらいた場所、そこに引き上げ線か、その形跡があるはずだ。以前通った場所とはいえ、手がかりはそれしかない。しかし小野へ着くまでの間、しかも安曇平が視界から消えてしまうまでの数分のうちに、たしかにその場所は存在するのである。息をつめて待つ、という形容が、決して誇張ではない数分間。ここで見過ごしてしまったら、日程上今日から二日の間にもう一度戻って来ることはできないのだ。そうしたらまたいつ来ることができるか、いかに旅好きで土、日休みの身の上といえども定かではない。それよりも気がかりを残したままで、後の旅程をつづけることには、何としてもしたくない。全神経を傾注して、このいっときを正面から遺構に対峙する、それが今日ここに至るまでの最大の関心事なのだ。トンネルを一本過ぎた。あいにく塩尻からのトンネルの数はおぼえていない。いくつめかのトンネルは、もうそこを通過した後のトンネルであるはずだ。緊張が高まる一方、旅の醍醐味の絶頂に近いものが、全身をかけめぐるようである。平地を遠巻きにしながら、山肌にぴったりと張りついたような線路の上を列車は進む。当然速度は低く、車窓の眺めのどんな変化でも、これなら見落とすことはなさそうだ。レールのつなぎ目を超えるときの振動が、心地よく響いてくる。ただし単行なので、体にしみついたガタンゴトンゴトンの三拍子のリズムではない。単調なガタン、ガタンのくりかえしだ。三拍子のリズムは眠気や想念の飛躍を誘うので、これもかえって都合がいいかも知れない、などと思った時だった。

速度がさらに落ちて、ひとつのカーブを曲がりきったところで、それはあらわれた。知らない人ならきっと何も気づかずに通りすぎてしまうであろう、東塩尻信号場の跡。一日わずかな本数とはいえ、かつては塩尻市東部の人の生活の足がかりとして、ここで乗客を捌いてもいた信号場の遺構である。列車が通る線路の道床のすぐわきの狭いところに、使用されなくなって久しいもう一本の線路が草に埋もれるように横たわっている。そして右手の山塊にくさびを打ち込んだあとのようにすこしひらけた空地があり、そこはもうレールもとりはずされて、丈の高い草が繁っている。ただあてなく残された架線を吊る柱のたたずまいと、茫々の中にも名残りをとどめる地形のわずかな変化だけが、かつてそこに引き込み線が敷かれていたことを物語るのみである。元来が特急や急行ではほとんど気にもとまらないような小さな信号場だったが、廃止後数年を経た現在の姿は、わびしいなどという形容ではこと足りぬものがある。現実の営為から完全に遊離したところで、ひっそりととりのこされて、振り返る人とてもほとんどない、うち捨てられたものの姿なのだ。中央線では富士見駅の東側や初狩と笹子の間などに、単線時代のものと思われるトンネルや橋脚の跡を現在の車窓からも見ることができるが、それらのものと全く同じである。地元の人以外ほとんど乗りそうにない現在の運行系統では、おそらくここに注意を払う人もまずいないであろう。私以外の車内の乗客は、勿論ひとりとして見向きもしない。時間にして約十五秒、降り入る雨の音がそのまま消えて行ってしまいそうな、山の中の一瞬の光景であった。

列車はトンネルに入り、少し速度を上げた。あまりにも短い間のことであったため、充足感と呼ぶにはほど遠いが、ひとつのことを終わらせた感覚が、たしかにひろがってゆく。これ以上のことを、通過する列車の車内から見ることは不可能だろう。目的の大半は達したのである。しかしそれにしては、心のどこかにまだ何かひっかかるものがある。消化しきれぬ脱力感のようなものが、胸の中に残っている。果たしてこれは何だろうか。長い間気がかりとしていた遺構をはるばる名古屋から訪ねて来て、ほぼ考えたとおりにその検分を終えた。本来満足してしかるべきだ。しかし何かまだひとつ、わだかまりが残っているのだ。といってそれは遺構が予期した以上にさびれて見捨てられているとか、そこへ行くための手段が運転系統の変更でごく限られたものになってしまったとかの、そんな現実に対する不満というものでは決してない。自分でもそれが何なのかはっきりとわからない、わからないためになおのこと気になって仕方がない、そんな悪循環なのだ。やがてワンマンカーの機械の音声が、ほどなく小野に到着するということを告げた。その時である。私の脳裏に、八年前に見た別の光景が、ふいにあざやかによみがえって来た。

雪の日の、朝のことである。新宿を出る時から曇り空だったが、甲府盆地を過ぎて八ヶ岳の裾へのぼりはじめる頃から雪が降り出し、諏訪湖のあたりでは吹雪のようだった。辰野を過ぎて山あいに入っても、窓に映るのは横なぐりの雪ばかり、午前十時過ぎくらいだったろうか。上下列車の行き違いのため待機、の放送とともに、私の乗った急行列車が小野駅の一番外側の待避線である3番線に入ってゆく。行き違いにしてもどうしたことか怪しんでいると、すぐあとから後続の特急あず

塩尻側から見た現在の小野駅。向かって右が１番線。

さが入ってきて、こちらは反対側の下り本線1番線に停車する。しばらくたってあいているまん中の上り本線2番線を、どうどうと音を立てて上りの特急あずさが通過してゆくのであった。思いがけぬ光景に私は声もなくあっけにとられている。やがて一番線の特急あずさが発車してゆき、ややおくれて、もとの静寂をとりもどした小野駅の3番線から、私の乗る急行も発車した。山の中の通過駅、しかも降りしきる雪のなかで、特急と急行が三本も行きかってくりひろげた一瞬の競演は、私にとって小さな衝撃と言えるものだった。そして誰の目にも、幻想的な光景であったにちがいない。

八年の歳月が経過して、今私の乗っている区間運転のワンマンカーが小野駅に到着する。すっかりさびれており、かつて待避に使われた3番線も使用されていないようだ。ホームの案内も1、2番線だけとなっている。あの雪の日に、三本もの列車が行きかったいっときの華やかさを、今ここにいる人に語ってもだれも信じはすまい。ゆうに十輌編成の列車が停車できるだけの長さを持ったホームに、ただ一輌のワンマンカーが停車する。ホームの長大さが、もはや白々しいほどである。かすかにおとがして、私のうしろの整理券発行機が作動した。

しかしドアが開いても、それを受けとるために乗ってくる乗客は一人もいない。かつての小野駅は、上下列車の行き違いのための運転停車のみとはいえ、その構内に特急や急行が停車することもある、区間内での重要な駅だった。しかし今はそこに駅があることすら、ともすれば忘れられてしまいそうなほどのさびれようだ。鮮烈ともいえる印象的な光景を目のあたりにしたホームに、一輛きりのワンマンカーが静かに停まり、わずかに三、四人の客が降りたのみで、乗って来る人は一人もいない。昼間のことだから乗降客については昔も今もさほどの違いはないだろう

塩尻より、左がみどり湖、右が辰野方面

が、視点を車内から駅の側にうつせば、通過列車も含めて沢山の列車が行きかった昔日の姿と、今のこの情景との間には激しすぎる落差がある。一方の塩嶺ルートの新線の方は特急が増発されて、複線の軌道の上を多くの列車が往復しているというのに。やがてドアが閉まり、列車は何ごともなかったかのように速度を上げて小野駅をはなれてゆく。次は信濃川島、そして終点辰野だ。塩尻から辰野まで二十三分、これが毎日決まった時刻にくりかえされる現在の日常の営みなのだろう。

熱い紅茶の中に投じた氷のかたまりが急速にとけてゆくように、私のうちにわだかまっていたものが消えてゆくのがわかる。廃止された東塩尻信号場の跡を過ぎたときから、えも言われぬ不信感として胸の奥にあったもの、それは私自身が対象を正確に把握しきれず、見失いかけていた消化不

良のようなものだったのだ。遺構にあっては、現在から未来に向かって躍動する時間は感知されない。すべてのものは不変であるかの如く、しかしわずかずつ、確実に変容をきたしている。だとすれば、信号場の跡を見るために塩尻から乗ったこの列車も、あるいは信号場の跡をその全体の一部として含んでいるこの旧線区間そのものも、すべてが遺構なのである。東塩尻信号場の旧跡は塩尻―辰野の旧線区間という大きな遺構の中にある、ひとつの顕著なモニュメントであるに過ぎないのだ。そのことを直観的には感じとりつつ、意識の上で咀嚼できずにいたもどかしさを、先刻までわだかまりと感じていたのだろう。特別なアクシデントでもない限り、昔日の繁栄をとりもどすことのあり得ないこの路線、そこには東塩尻信号場や小野駅といった忘れがたいモニュメントがあり、人々は現在の姿をあるがままのものとして当然のように受け入れている。これを遺構と呼ばずして、何を遺構と呼ぼう。予期し得なかった収穫まで、手にしたような気がする。まさに遺構のまっただ中を通りぬけた二十数分の旅程であった。そして遺構は、きっと身のまわりのいろんなところにかくされていて、ある日突然こんなふうに私の前にあらわれてくるものであるにちがいない。

初出『歌人舎』平成二（一九九〇）年一二月号～平成三（一九九一）年六月号
『遠い道、竝に灰田先生』平成四（一九九二）年一〇月二六日画文堂版より再掲

注1　現在正式名称ではありませんが、中央本線の東京―塩尻間を中央東線、塩尻―名古屋間を中央西線と呼ぶ呼び方があります。

注2　『中央・上信越440駅』（宮脇俊三／原田勝正　一九八三年　小学館発行）

※　またこの文中、長大な小野駅のホームに単行の123系電車が停車することについて、「ホームの長大さが、もはや白々しいほどである」などと書いてありますが、本書全体の執筆意図から考えるとふさわしくない表現であり、不快に思われた読者がおられましたらお詫び申し上げます。

しかし、当時は旧幹線での単行運転はさほど多くありませんでしたし、書いた時の年齢が二十代後半という「若書き」ではありますが、この文章を書いた意図は、本書の近年の文章と変わらず、古い鉄道をしのび、守りたいと考えてのことでありましたので、お詫びするべき部分はお詫びした上で。発表年代を明記して、当時の時代背景を語るものとして、修正せずに掲載しました。

急行「霧島」をヨンサントオの時刻表でたどる

「そして揖斐川（いびがわ）〜『しらさぎ』との出会い」に、幼少時に急行「霧島（きりしま）」に乗ったことを書いたので、往時の客車列車（もちろん「旧客」である）について、一文を認（したた）めてみたくなった。当然ながら記憶もおぼろげで、切符とても残っていないから、時刻表で急行「霧島」の足取りを追ってみたい。

自宅には、多分九〇年代に購入したと思われる復刻時刻表の五冊セットがある。最初はこれをあてにしていたが、いざ取り出してみるとその中でもっとも新しいのは昭和四二（一九六七）年七月号だった。目当ての急行「霧島」を探しあてると、東京発が一二時三〇分で、名古屋が一七時四二分着、四八分発となっており、名古屋を出るのが夕刻になっている。たしか、尾張一宮で歓声をあげた時は、まだ明るい時間だったはずだ。しかも行き先が西鹿児島ではなく、鹿児島行きとなっている。さらによくよく列車の動きを追うと、尾張一宮が通過で、名古屋の次の停車駅が岐阜となっているではないか。

これはおかしい。尾張一宮で歓声をあげたとはいえ、予備知識などがあったはずもなく、通過する急行列車からでは、何も知らない小学一年生が「おわりいちのみや」の駅名標を読みとれるはずもない。また、行き先が西鹿児島だったことも、幼い記憶ながら間違いはない。すると・・・と首をひねるまでもなく、私の頭の中には「ヨンサントオ」の文字が浮かんでいた。というより、「時刻表　昭和四三年七月号」を手に取った時点で「大丈夫かな？」と無意識に「ヨンサントオ」の存在を感じていたのだ。

「ヨンサントオ」。一定以上の年齢の鉄道ファンなら、解説は不要だろう。昭和「四三」年の「一〇」月に行なわれた戦後四度目の、国鉄の白紙ダイヤ改正である。白紙ダイヤ改正というのは字義通りにとらえれば「スジを引き直す」ことだから、この時新しい列車も大幅に登場しているし、既存の列車のダイヤも大きく変わっている可能性がある。加えて私が急行「霧島」に乗ったのは昭和四四（一九六九）年八月のことだから、このヨンサントオの改正時の時刻表を手に入れれば、まず間違いなく、私が乗った日のダイヤもその時刻表と同じものだろう。

さっそくネットで「ヨンサントオ　時刻表」と検索すると、ＪＴＢパブリッシングから二〇二一年一一月に発行された『ＪＴＢのＭＯＯＫ　時刻表復刻版　１９６８年10月号』がヒットした。迷わずこれを購入する。

翌日届いた時刻表に目を通すと、「ヨンサントオ」の目玉は東北本線の全線電化・複線化で、青森までの「はつかり」が所要時間を二時間短縮、また仙台までの「ひばり」が所要四時間を切ったことなどが、冒頭から報じられている。一方名古屋発の寝台特急「金星」がこの改正ではじめて登場したことも伝えられていて、名古屋・大阪以西の夜行街道の華やかさについて、さもありなんとうなずかせてくれるものがある。何はともあれ、この「ヨンサントオ」のダイヤの急行「霧島」の道程を追ってみよう。

急行「霧島」は、午前一〇時四三分、東京駅の14番線に入線（注1）。発車は一一時一〇分である。食堂車が入った七輛編成で、後ろに六輛、急行「高千穂」を併結して行く（ほか、下り列車では「霧島」の前に熊本までの郵便車一輛、鳥栖までの荷物車一輛の計二輛が連結されており、機関車を除いて十五輛の長大編成だ）。「高千穂」は九州に入って最初の停車駅である門司まで併結され、門司で切り離されたあとは小倉から日豊本線を全通して、鹿児島、さらに西鹿児島まで至る急行だった。鹿児島本線経由の「霧島」が東京から二十五時間十五分を要して翌日の一二時二五分に西鹿児島へ到着するのに対し、日豊本線を回ってゆく「高千穂」はちょうど三時間をプラスして、西鹿児島着一五時二五分となっている。好んでこちらを乗り通す人はまずいなかったのではないかと思われるが、私の家族が「霧島」に乗ったのも「はやぶさ」などの特急の切符が取れなかったためであり、東京‐西鹿児島間に乗る場合、この列車は「霧島」から先に一杯になったことだろうから、門司か下関で「霧島」の方に乗りかえるつもりで「高千穂」に乗っていてうっかり寝過ごすなどして、そのまま日豊本線経由で行った人も、中にはいたかも知れない（一等車を含めすべて自由席）。

また「ヨンサントオ」の時刻表でこの「高千穂」の列車名を目にした時、私にはぴんとひらめくものがあった。そうだ、「高千穂」だ。たしかに小学一年生だった当時、父の口から「高千穂」という固有名詞を聞いた覚えがある。五歳年長で四学年上の兄と、三歳年長で二学年上の従兄が一緒だったから、おそらく彼らに、父が説明したものだろう。自分たちが乗っているのは「霧島」だが、後ろに連結しているのが「高千穂」だということを。

その頃「音韻」という言葉など知る由もないが、「たかちほ」という言葉の韻きが強く心に残ったことが、後年の記憶となっている。天孫降臨の地だという知識がついて来たのは高校か大学くらいのことだろうが、「カ」音と「ホ」音を破擦音の「チ」がつないでいる独特のことばのしらべに、子どもながらひかれていたのだろう。この時から十八年ほど経った二十四歳の冬、若山牧水のふるさとをたずねたあと、当時すでに廃止が承認されていた高千穂線に乗り、終点の高千穂まで行ったことがある。もちろん地名の高千穂と、あの列車名の「高千穂」は、脳裡でかたく結びついていた。拙い歌だが、こんな歌を詠んでいる。

谷を縫ひ山をうがちてのぼり果て　神々の里ここに展けぬ

その時は高森線には乗らず（たしか杖立まで抜けるバスの乗り継ぎの時間のためだったと思う）、高千穂からバスで高森を経由して肥後大津まで出て(注2、豊肥本線に乗り継いで阿蘇まで行き、そこからバスで肥後小国をめざす。さらに小国でバスを乗り継いで杖立温泉へ行って一泊したのであった。翌日はまた肥後小国でバスを乗り継ぎ、旧国鉄宮原線のルートで豊後森（大分県玖珠郡玖珠町）

まで抜けて、久大（きゅうだい）本線で由布院（ゆふいん）へ向かった。そして由布院からはバスで城島（きじま）高原を越えて別府に出て、別府から神戸までフェリーで渡ったのであった。玖珠川の川辺に輝いていた早春の陽光、城島高原から見はるかす神さびた山々と海へのなだりが、あるできごとで鬱屈していた心を解き放ち、明るい気持ちで六甲の山へと向かわせてくれたのであった。なおこの時豊後森から由布院まで乗った普通列車はディーゼル機関車が牽引する50系客車五、六輌の編成だったと思うが、たしか由布院到着前に、オルゴールの「ハイケンスのセレナーデ」が流された。普通列車で「ハイケンスのセレナーデ」を聞いたのは、この時限りである。

列車名の「高千穂」から九州山地の旅に話が転じてしまったが、「霧島」「高千穂」の時刻表の旅に戻ろう。急行「霧島」「高千穂」併結の31列車は、一一時一〇分に東京駅を発車したあと、横浜発が一一時三八分、小田原発が一二時二四分だから、すぐ昼時にさしかかるが、「霧島」編成には食堂車がついている。ただ当時の庶民、特に家族連れは、あまり列車の食堂車を利用することはなかったのではないか。幼い記憶ながら食堂車は値段が高いものとして敬遠していた覚えがあるし、昭和四十年代の鉄道雑誌で食堂車の写真を見ると、着飾った奥様と、やはりおめかしした少女、少年が写っていることが多い。大学一年の秋に一人で博多から横浜まで「はやぶさ」に乗った時、カレーライスならそれほど高くないとわかって親近感を覚えたが、その頃（昭和五六／一九八一年）にはもう、特急列車にしか食堂車はついておらず、社会人になった頃には（昭和六〇／一九八五年）、新幹線とブルートレイン以外は数えるほどしか、食堂車が営業する列車は残っていなかった。

そして急行「霧島」「高千穂」を牽引するのは、ＥＦ58型電気機関車だったと思われる。当初は茶色の車体の前後にデッキをつけた(先輪上に位置する)旧型電気機関車として製造されたが、昭和二七(一九五二)年からの改良型はスマートな流線型の前頭形状を持ち、ＥＦ65やＥＦ66(こちらはそもそもは高速貨物列車牽引機として登場した)がブルートレインの顔としてもてはやされるようになる前、全国の直流電化幹線で特急や急行を牽引した花形機関車である。神奈川県に住んでいた少年時代、東海道本線の藤沢駅でよく見かけた。「ゴハチ」の愛称とともに、そのシャープな前面の印象をなつかしく記憶している方も多いだろう。旧信越本線横川‐軽井沢間の偉業を伝える碓氷峠鉄道文化むらに保存されているＥＦ58・172号機も、一般のニュースでもその雄姿を紹介されたことが、幾度かあったと思う。

ともあれ、小学一年生の私にとって、というより当時の鉄道ファンにとって、ゴハチが牽引してくれていることは当然の、日常的な長距離列車の姿であり、その安心感のままに急行「霧島」「高千穂」は西進して行く。小田原に停車するのは急行列車の標準的なダイヤであり、後年、昭和五十年代のブルートレイン(特急群)も、横浜の次の停車駅は熱海だったが、急行「銀河」は小田原に停車していた。

熱海を一二時四五分に発車すると、沼津を一三時〇五分、富士を一三時二〇分にそれぞれ発車というのは、急行、特急のお定まりの停車順である。ただ静岡行きの電車急行「東海」号は、すべてが湯河原、三島、吉原（よしわら）にも停車しているほか、1号と4号は(注3)川崎に停車している。この当時は東海道本線の普通列車が日中はすべて川崎に停車しているが、昭和五十年代は川崎を通過する普通列車が多く、停車する列車はわざわざ「川崎停車」と案内されていたから、ヨンサントオの時刻表で普通列車に加えて急行「東海」の半数が川崎に停車していたことを知ったのは、私にとっては新たな発見だった。

さらに、近年の歴史を感じさせるのは、富士の次の停車駅、清水であろう。静岡市の政令指定都市移行の際静岡市と新設合併してから今年で二十一年、特急「ワイドビュー東海」が廃止されて十七年になるから、「清水市」の代表駅だったことを知るのは一定以上の年齢の人と考えられる（現在は静岡市清水区）。私は急行「東海」でも特急「ワイドビュー東海」でも清水駅を通過または下車したことがあるから、駅にも清水市にもなじみは深い。

鉄道ファンの視点でいうなら、清水駅からは「清水港線」が出ていたことを欠かすわけにいかない。昭和五九（一九八四）年の廃線だから乗る機会はなかったが、平成元（一九八九）年ごろ、三保の松原の手前、清水港線で言えば折戸（おりど）駅の近くの東海大学の付属高校などに仕事で行く機会があったから、宮脇俊三氏の『時刻表2万キロ』に描かれている通りの情景を、廃線跡をしのぶ程度のことではあったが、まだ色濃く雰囲気の残っている時期に眺めることができた。

またヨンサントオの時刻表では、季節列車だが岐阜から名古屋、静岡を経て修善寺まで行く急行

「しゅぜんじ」の存在が見出された。三島発一一時三五分の下り列車は、「東海」と同じ沼津、吉原、富士、清水、静岡に停車したあと、浜松までの間に焼津(やいづ)と掛川に停車しているのが認められる。電車急行である。おそらく「東海」号同様、この頃なら153系による編成のものだろう。この掛川、焼津停車の急行に乗ってみたい、と考えた。平成二(一九九〇)年から私が名古屋に住んで以降は、急行「東海」、次いで特急「ワイドビュー東海」が東京‐静岡を結んでいただけで、静岡以西は普通列車のみ、浜松から西は名古屋以遠へ行く快速や新快速も走っていたものの、浜松‐豊橋間は各駅停車だし、しかも大雑把に言えば熱海から豊橋の間のどこで乗っても、日中でも相当数の乗客が立っている状況で、のんびり旅をする気分にはなりにくかった。だから静岡のあと焼津、掛川、浜松と停まる急行は、何とも魅力的に見えるのである。

さて、急行「霧島」「高千穂」の静岡着は一三時五一分。発車が五三分で、二分間の停車である。この頃の静岡駅は、まだ在来線が地上駅だったはずだ。中学の修学旅行で伊勢志摩から京都・奈良へ行ったのが昭和五二(一九七七)年で、その頃の印象と、大学生になってからの九州行などで目にした新幹線ホームと同一の高さにある高架の在来線ホームには、大きなギャップを感じたものだ。のちに、静岡駅と浜松駅がほぼ時期を同じくして在来線ホームを高架化したと知り(浜松はその際在来線駅の位置も移動)、合点が行ったが、大学一年の秋に初めて新幹線の車窓から静岡駅を見て以来、しばらくの間違和感が消えなかった。もちろん急行「霧島」で通った時の静岡駅が、昔ながらの地平ホームだったことは疑いない。往時の急行列車の混みようと駅の雑踏が目に浮かぶようである。

静岡の次の停車駅が浜松というのは、新幹線に掛川駅ができるまでの「こだま」号と同じである。ちなみにヨンサントオの四年前の東海道新幹線開業まで、特急「こだま」号は東京と大阪を六時間半で結ぶ、国鉄全体のフラッグシップといえる花型特急だった。「こだま型」と呼ばれた151系特急電車、なかんずく大きな一枚窓（側窓）のパーラーカー、クロ151は、客車特急の展望車マイテ49と並んで、手の届かない過去の名車輌の筆頭に位置するものと言える。実際、昭和三五（一九六〇）年にマイテ49を連結した特急「つばめ」「はと」を電車化するにあたり、引退するマイテ49に代わるものとしてクロ151が製作されたようである。また新幹線で、途中名古屋、京都のみ停車の「超特急」は公募の結果「ひかり」号と決定されたが、国鉄を代表する特急「こだま」号の名は新幹線全駅停車タイプに引き継がれた。

東海道本線 下り（東京─米原）（その3）

東京──熱海──静岡──浜松──豊橋──名古屋─

1列車のみ許諾のためカット（以下同様）

駅		31
行先		西鹿児島
列車番号		31
入線時刻		1043
発車番線		⑭
東京	発	1110
新橋	〃	レ
品川	〃	レ
川崎	〃	レ
横浜	〃	1138
大船	〃	レ
藤沢	〃	寝台
辻堂	〃	1
茅ヶ崎	〃	（霧島）（高千穂）
平塚	〃	
大磯	〃	
二宮	〃	
国府津	〃	レ
鴨宮	〃	レ
小田原	着	1223
小田原	発	1224
早川	〃	レ
根府川	〃	✂
真鶴	〃	レ
湯河原	〃	レ
熱海	着	1244
（伊東線時刻）熱海	発	｜
88頁 伊東	着	｜
伊豆急下田	〃	｜
熱海	発	1245
函南	〃	レ
三島	〃	レ
沼津	〃	1305
原	〃	レ
東田子の浦	〃	レ
吉原	〃	レ
富士	〃	1320
岩渕	〃	レ
新蒲原	〃	レ
蒲原	〃	レ
由比	〃	レ
興津	〃	レ
清水	〃	1341
草薙	〃	レ
静岡	着	1351
静岡	発	1353
用宗	〃	レ
焼津	〃	レ
藤枝	〃	レ
島田	〃	レ
金谷	〃	レ
菊川	〃	レ
掛川	〃	レ
袋井	〃	レ
磐田	〃	レ
天竜川	〃	レ
浜松	着	1452
浜松	発	1456
高塚	〃	レ
舞阪	〃	レ
弁天島	〃	レ

◆=期日を定めて運転する列車

復刻版時刻表
１９６８年１０月号
より

さらにこのあとの東海道、山陽本線の変遷について少しく述べると、昭和四七（一九七二）年の岡山延伸開業で、それまで京都発だった特急「つばめ」などが岡山発に変わり、昭和五〇（一九七五）年の博多延伸開業で山陽本線の特急・急行がなくなって「かもめ」が九州特急に変わるなど、優等列車の運転系統が西へ移動した。このあたり、北陸新幹線の長野開業で「あさま」が碓氷越えの189系・489系特急（『碓氷峠を越えた『白山』、『能登』』に詳述）から北陸新幹線（当初は長野行新幹線）の全駅停車に名称移動し、「サンダーバード」と「しらさぎ」が西へ向かって富山発から金沢発、敦賀発へと移行したのと変わりがない。歴史は繰り返すのである。

そして急行「霧島」は静岡を出て五九分後、一四時五二分に浜松に到着する。ヨンサントオの時刻表で「歴史」を読むと、この当時下り「東海1号」が名古屋行き、「東海4号」は大垣行き、上りは「東海3号」が名古屋発で、多少の違いはあるものの先ほどの焼津、掛川に加え藤枝、島田、金谷、弁天島などに停車している（下り「1号」がさらに鷲津にも停車）。

同じ「ヨンサントオ」の時刻表で新幹線のページを見ると、三島駅がまだ開業していないので（昭和四四年／一九六九年四月開業）、熱海の次は静岡、そして浜松と、静岡県内に新幹線の駅が三つしかない。これなら在来線の急行が、新幹線の駅がない地方都市に停車して長距離を走ってくれれば、需要は多いだろう。しかも東海道新幹線は開業以来十年以上は、東京 - 新大阪間の「ひかり」の停車駅が名古屋と京都だけだった。「ひかり」の静岡停車は昭和五一（一九七六）年からはじまったようだが、手もとにある五四（一九七九）年、五五（一九八六）年の時刻表では、一日一本である。

民営化の前から静岡停車は増えていき、ＪＲになってさらに増えた上、平成四（一九九二）年の「のぞみ」登場以降、「ひかり」の停車駅のバリエーションが豊富になっていった。

「のぞみ」と言えば、またまた余談だが、まだ「のぞみ」登場後ほどなく、『ひかり』を『のぞみ』が抜いていいのか？」という議論に明確な答えが出されていない頃に（これも隔世の感のある話だが、当時「ひかり」が絶対的に最速の列車である、ということには、神話に近い信頼があった）、得がたい経験をしている。次のような話である。

その夜私は、名古屋から上京するため、「ひかり」号に乗車していた。原因は覚えていないが、途中大幅な遅れが生じることを、車内放送で伝えられた。豊橋または浜松あたりでだったと思われる。私の脳裡に、ちらりと「名古屋を〇分後に出ている『のぞみ』がいるな」という考えがよぎった。しかし、『のぞみ』が『ひかり』を追い越すことはない」というＪＲ東海からの発表もあったはずだ（名古屋に住んでいたから、最初に「名古屋飛ばし」をされた当地のマスメディアが敏感に「ひかり追い越し」の件を伝えるのに注目していた）。大井川を越えてから、私は列車の動きに注意を払っていた。遅れが大きいから、「ひかり」号は徐行を繰り返す。しかし安倍川を渡る時まで、「静岡駅で『のぞみ』を待ちます」の放送は入らない。「おお、『ひかり最速』の牙城は守られるか、それにしてもあとの『のぞみ』は大丈夫かな」と、余計な心配をした時だった。がくん、と衝撃があり、列車が左側へと転線して行く。「むむ、やりおったか。」と思いながら、さらに神経を張りめぐらせていると、列車は黙って静岡駅の５番線ホームに入って行き、停車した（運転停車だから案内放送はなくてもいいのだが、停まらないはずの静岡駅に「ひかり」が停まるのは、当時は大事件だった)。

私はその頃、名古屋‐東京間なら普通車指定席のE席に必ず座っていたから、反対側のA席の窓越しに、通過線の様子を注視する。しばらくすると、にぎやかな走行音で、300系と思しき明るい窓越しに、乗客の姿が見える列車が通過して行く。「やっぱり『のぞみ』だ。」(二階建て100系の一階らしい構造物が見えないし、それまで長年聞きなじんでいた0系とは明らかに走行音が異なっていた)。

それを確かめた私は、すぐ車掌室に歩いて行った。そして中年の車掌氏に「ちょっとおたずねしたいことが」と切り出すと、「何でしょう」と車掌室の前で迎えてくれたが、すぐ「のぞみが行ったみたいだけど」と切り出したところで、車掌氏の面持ちがさっと緊張したものに変わった。そして彼は、「いや、まあどうぞ、お座り下さい」と言いながらていねいに、車掌室の椅子に座るよう、手で示してくれる。会釈して座りながら、私は言った。

「たしか先日、『のぞみ』が『ひかり』を抜くことはない、って、発表がありましたよねえ。」

あきらかに困った顔の車掌氏は、通路に人がいないのをたしかめると、ドアを閉めた。

「いや、それはその、う、うん。」

最後は咳払いをするしかない車掌氏に、それ以上詰め寄るつもりはなかった。おそらく急なアクシデントで、この静岡での「のぞみ」退避も急に決まったことだったのだろう。

「まあ、今日の遅れじゃ仕方ないんでしょうけどね、『のぞみ』を走らせてるJR東海さんの沽券(こけん)

にもかかわるだろうし・・・。」

そう言いながら腰を浮かせると、車掌氏の表情がほっと安心したようになった。私は自然につづけた。

「でも、まさか『ひかり』が追い越される現場に立ち会うことになるとは思いませんでした。『ひかり』に親しんで来た乗客の思いは、記録しておいて下さいね。」

そこまで詳しく言ったかどうか、また車掌氏が、

「いやお客さん、立場上あまり公には言えませんが、私らも思いはまったく同じなんですよ。」

と言ったかどうかは、今となっては定かでない。特にあとの車掌氏のセリフは、絶対なかっただろう。しかし私と車掌氏の間には、何かそんな互いの思いを交わしたような何秒間かがあって、私は自分の指定席に戻ったのだった。とにもかくにも、私は営業運転中の「ひかり」号の車掌室に着席したという、旅と鉄道を愛する者にとっての一生の勲章ともいうべき経験をさせてもらった。「のぞみ」登場期のエピソードとして、語る価値のあるできごとではなかったかと自負している。


浜松を出ると、完全な並走ではないが、浜松市西郊を在来線と新幹線はつかずはなれずの距離を保って西へ進む。高塚を過ぎるとちらほら養鰻場が見えるようになり、さらに舞阪を過ぎてまもなく、左に現在なら今切口（いまきれぐち）の上にかかる浜名大橋を望むあたりで、列車は浜名湖橋梁を渡り、急行「東海」が停車する弁天島へ至る。しかし急行「霧島」「高千穂」は停車せず、以後新居町、鷲津、新所原（しんじょはら）

を通過すると愛知県に入って、二川も通過してから豊橋に停車する。

豊橋は平成の市町村合併で豊田市に抜かれるまで、長く名古屋に次いで愛知県第二位の人口を誇っていた都市である。街の規模としては現在も県下第二の都市であろう。戦国時代から江戸時代は吉田城の城下町という歴史を持ち、明治以後は師団の置かれた町であったことが、井上靖の『しろばんば』に描かれている。豊川、新城(しんしろ)を通って信州へ抜ける飯田線の分岐駅で、名鉄名古屋本線も、小坂井(こざかい)駅の手前の平井信号場まで飯田線と線路を共用して、名古屋、岐阜をめざしてゆくのである。

三河、特に東三河は人の心が温かい。私は名古屋に五年住み、名古屋の良いところを十二分に享受して、三十を過ぎ一人前の大人になったと思っているが、名古屋へ行ってしばらくは、ちょっと体を壊すというへまをやり、慣れない名古屋でやや肩身の狭い思いをしていたのだが、豊橋へ行くと東三河の方々のおだやかな性分に癒やされる思いがして、豊橋に心からなじんだものである。

豊橋の次の停車駅は名古屋である。これも長距離急行ならではの特急並みの停車間隔であり、先述の急行「しゅぜんじ」は蒲郡(がまごおり)に停車したあと岡崎、そして刈谷に停まっている。九〇年代には刈谷より安城(あんじょう)の方が人口が多く、古くからの名鉄の新安城のほか、新幹線に三河安城駅ができていて、特に交通面では栄えている印象だった。これは、名鉄ではやや北にある知立(ちりゅう)が本線上の主要駅だということも関係するだろう(刈谷は名鉄三河線「海線」の接続駅)。しかし名古屋時代に学んだ三河の歴史から考えると、さもありなんと思われる。ちなみに急行「東海4号」は、「しゅぜんじ」の停車駅に加え安城、大府(おおぶ)、さらに熱田にも停車している。やはりビジネス急行だったのだろうと考えられるし、熱田への停車は、平成元（一九八九）年には特急「しらさぎ」「ひだ」の一部が金山行きとなっていて、あと熱田へ回送されたであろうことなどを思い出させる（回送は現在も）。

その名古屋へは一六時一八分に到着し、発車は二三分。五分間の停車である。それだけの時間で利用できるはずもないが、名古屋駅には九一年まで、駅構内（駅ビルの通路から入れる位置）に、銭湯があった。温泉や足湯などではない、本物の銭湯である（私は残念ながら、入ったことがない）。銭湯のある駅ビルと、駅前に「大名古屋ビルヂング」（二〇一二年から一五年にかけて建て替えられたが名称はそのまま引き継がれている）のあった名古屋駅を知っていることで、私もこの令和の世では、「（やや）古い名古屋人」のはしくれを名乗る資格があるような気がする（ただこれも残念ながら、金山はすでに金山総合駅になっていて、中央本線の金山橋駅は知らない。そして名鉄谷汲線も、いつか乗りに行こうと思っているうちに廃線になってしまい、乗らずじまいとしてしまった）。

名古屋を出ると、東京からの感覚では西へ進むようだが、実際の方位では北西へ進んで、新幹線なら左に車輌基地への枝線を見送るあたりで、並走していた名鉄線が右へ分かれて行って、庄内川を渡る。するとすぐ右手下方に、名鉄本線の西枇杷島駅が見える（右に分かれたところに東枇杷島駅があり、名鉄線は庄内川を渡ってすぐ「枇杷島分岐点」で犬山線を分岐、本線はくるっと回りこんで、東海道本線・新幹線をアンダーパスする。その間に西枇杷島駅がある）。近年大改装されて対向式二面二線の駅となったが（上り側に引き上げ線は現存）、ほんの少し前まで、上屋のない裸の島式ホーム二面四線で、ホームの幅が狭く、停車する各駅停車の入線直前にしか入場できないことで知られていた。平成の大合併で清須市になるまでは愛知県西枇杷島郡西枇杷島町だったので、当地では「にしび」の駅と呼ばれるようだ。

　東海道本線の枇杷島駅は、後に東海交通事業（ＴＫＪ）城北線の起点となり、その際稲沢まで並行している貨物線・稲沢線のところに短い城北線用のホームが造られたが、それまでは一面二線の島式ホームがあるだけの、旅客列車の駅として見るだけなら特徴のない通過駅の構造だった。しかし次の清州ともども、昭和五八（一九八三）年の時点でも、「旅客と貨物を取り扱う一般駅」であり（『国鉄全線各駅停車⑤東海道３６０駅』／小学館による）、貨物用の側線が多いから、駅全体としては堂々としたたたずまいを見せていた。清州の次の稲沢には日本三大操車場の一つとされた稲沢操車場が隣接していたから、途中東海道本線と稲沢線の計四本の線路だけの部分があったとしても、この区間は広々とした敷地を多くの線路が走り抜けている、そんな印象が強かった。

名古屋——米原（その3）（東海道本線・下り）

駅				
袋井	〃	…	…	レ
磐田	〃	…	…	レ
天竜川	〃	…	…	レ
浜松	着	…	…	1452
	発	…	…	1456
高塚	〃	…	…	レ
舞阪	〃	…	…	レ
弁天島	〃	…	…	レ
新居町	〃	…	…	レ
鷲津	〃	…	…	レ
新所原	〃	…	…	レ
二川	〃	…	…	レ
豊橋	着	…	…	1524
	発	…	…	1525
西小坂井	〃	…	…	レ
愛知御津	〃	…	…	レ
三河大塚	〃	…	…	レ
三河三谷	〃	…	…	レ
蒲郡	〃	…	…	レ
三ケ根	〃	…	…	レ
幸田	〃	…	…	レ
岡崎	〃	…	…	レ
安城	〃	…	…	レ
東刈谷	〃	…	…	レ
刈谷	〃	…	…	レ
大府	〃	…	…	レ
共和	〃	…	…	レ
大高	〃	…	…	レ
笠寺	〃	…	…	レ
熱田	〃	…	…	レ
名古屋	着	…	…	1618
	発	…	…	1623
枇杷島	〃	…	（2031 急（高千穂） 西鹿児島着1525・日豊本線経由）	レ
清洲	〃	…		レ
稲沢	〃	…		レ
尾張一宮	〃	…		1637
木曽川	〃	…		レ
岐阜	〃	…		1649
穂積	〃	…		レ
大垣	〃	…		レ
垂井	〃	…		レ
関ケ原	〃	…		レ
柏原	〃	…		レ
近江長岡	〃	…		レ
醒ケ井	〃	…		レ
米原	着	…		レ
京都	着	…		1830
大阪	〃	…		1913
終	着	…	…	1225

幼い、小学一年生の私は、窓から景色を眺めながら、そのような鉄道風景に度肝を抜かれていたのだろう。やがて急行「霧島」「高千穂」が尾張一宮に到着した時、歓声を上げたのであった。

「おわりいちのみやぁ?!:」

特別な知識や感慨があったはずもないから、親たちから聞いているその日の先途の長さにくらべ、夏の一六時台という（尾張一宮三七分発）明るさの中で「おわり・・・」が出てきたことに、単純に喜んだだけだったのだろう。すぐに五年生の兄が「いや、『おわり』はこのあたりの旧国名の『尾張』だよ」と教えてくれたのだと思うが、その意味もよくわからなかったに違いない。何にしても、三つ子の魂百までとはよく言ったもので、その後二十一年経って名古屋に赴任し、先輩からの引き継ぎではじめて一宮市を訪れた時、「ああ、あの尾張一宮に来たんだ」という戦慄が走ったのを、今でもよく覚えている。だから名古屋駅から快速で十分少々の一宮に、ぜひ一度は泊まってみたいと思い、高校の先生の接待として稟議書を出し、歌人仲間のOさん（実際に当時県立高校の国語の先生）と真清田（ますみだ）神社近くの小料理屋で一杯やって、駅前のホテルに泊まったことがある。九〇年代前半、いい時代だったし、当時お世話になった出版社では、本当にいい経験を積ませていただいた。

尾張一宮を出ると、列車はほどなく木曽川を渡り、岐阜県に入る。名鉄にはかなりの数の駅があるが、国鉄（JR）では尾張一宮、木曽川、岐阜の順で県都の岐阜駅に到着する。九〇年代の柳ケ瀬も、かつてのにぎわいはないと言われていたが、現在とは比較にならぬほど活気があって、一度だけだが夜の柳ケ瀬で飲んだことがある。これも勤め先の、塾業界の泊まりがけの研修でのことであった。今年その柳ケ瀬にある岐阜高島屋が廃業するというニュースが流れていて、さびしい限りだが、当の高島屋が名古屋駅にジェイアール名古屋タカシマヤを出店しているのだから、「高島屋」としてはそれも織り込み済みのことだったのだろうと考えるほかないし、一口に「時代の流れ」と切り捨てるのでは釈然としないものが残るにしても、五十年前、三十年前とは明らかに、時代が違うのである（美川憲一の「柳ケ瀬ブルース」は昭和四一年／一九六六年）。

岐阜の発車は一六時四九分。長良川と揖斐川を渡ってゆくが、大垣には停まらない。あるいは「そして揖斐川」のルーツがこの時の急行「霧島」にあったかも知れないとも思ったが（注4、現在のものながら大垣の八月上旬の日の入りは一八時五〇分台のようであり、「おわりいちのみや」には反応しても木曽三川を教えられたとも思えないので（父は薩摩の人間だから、長じて酒を飲むようになってから、薩摩藩の治水工事についての話を聞いたことはあったが、この時に一年生の私にしたはずはないと思われる）、夕暮れにもまだ間のあるこの時、揖斐川に特別の印象が刷り込まれたということはないだろう。

31列車、急行「霧島」「高千穂」はさすがである。大垣ばかりか、米原も通過している。まだ湖西線ができる前だから、特急「雷鳥」も当然米原から北陸本線で敦賀へ向かうし、「ゆのくに」「くずりゅう」などの急行電車もたくさん走っているのに、それらとの接続を考慮することはなかったのだろう（新幹線が通っているから当たり前と言えば当たり前で、昭和三六年／一九六一年の急行「霧島」は、米原に停車している）。従って岐阜の次の停車駅は大津であり、大津を一八時二〇分に発車して京都着が一八時三〇分。京都発が三四分、大阪着が一九時一三分となっている。日が暮れたのはこの間のどこかだろう。

もちろんこのあたり、京阪神地区の記憶はまったくない。疲れてうとうとしていたかも知れないし、ほどなく座席で横になって、寝かせてもらったことだろう。ただ、後年『愛と死を見つめて』（日活映画、一九六四年）のＤＶＤを購入して視聴した際、大阪駅や東海道本線の画像を見た時に非常になつかしい思いがあったことについては、名古屋時代にかなり阪神方面をたずねたことを割り引いても、この時の印象が原風景としてひそんでいた可能性は、あるかも知れない。

ヨンサントオ時刻表をさらに追うと、急行「霧島」「高千穂」は大阪を一九時一九分に発車した後、三ノ宮発が一九時五一分、神戸発が五六分となっている。昭和の終わりごろには、急行以上はほとんど三ノ宮に停車して神戸は通過となっていたが、まだこの頃は、少なくとも急行は神戸に停車していたようだ（言うまでもないが、東海道本線の終点、山陽本線の起点は神戸である）。

さて、どのあたりでだったのか定かではないが、私たち一行と車内の乗客（ほぼ）すべてが、就寝体制をとる時がやって来た。今の若い人たちには信じられないことかと思うが、四人が二人ずつ向かい合わせに座るボックスシートだから、この頃まだ、乗客の過半は列車の床に新聞紙を敷いて寝たのである。われわれは五人だから、座席に横になれたのは母と私だけ。三年生の従兄も、「雅史

（私の本名）は小さいからね」と母に言い含められ、父、兄とともに、床に寝てくれた。申し訳ない気持ちが少しあったような覚えがあるが、たぶんその体制になったのは夜九時頃だったのだろうから、それまでに母の膝の上でほとんど眠っていたのであろう、眠くて眠くてたまらなかった記憶の方が強く残っている。昭和四四（一九六九）年、特急並みの停車駅のロングラン急行「霧島」「高千穂」でも、それぞれ一輌の一等車（自由席）はわからないが、全自由席の二等車では、座席でおもに女性や子供が横になり、男衆は床で寝る。そのようにして、夜間乗客は睡眠をとっていたのである。三浦哲郎『盆土産』の父の帰省の場面を読むと、いつもこのことを思い出す。

神戸の次は、姫路に二〇時五五分着。ここで十一分停車する間に、まず、新大阪発の寝台特急「彗星」に抜かれている。ちなみにその彗星の停車駅は、新大阪始発のあと、大阪、三ノ宮、姫路、岡山、広島、下関、門司となっている（門司からは中津、別府、大分と停車してうしろ七輌はここまで。前七両と荷物車が、佐伯、延岡、日向市と停車して終着が宮崎だ）。宮崎行き、大分行きの各編成に一等寝台B室が一輌ずつ組み込まれている、堂々とした編成の寝台列車だったようである。

東海道本線・山陽本線 下り（米原―岩国）（その4）

ここで見落としてはならないのが、大阪を二十六分後の一九時四五分に発車した電車寝台特急「月光1号」（やはり新大阪始発）が、二一時〇三分着で追いついて来ていることだ。前年に登場した581系電車、さすがの俊足というべきだろう。この列車を先に行かせ、急行「霧島」「高千穂」は二一時〇六分に姫路を発車する。

姫路の二つ先の駅が網干である。広島から鈍行を乗り継いで帰った時、岡山からの電車は網干どまりで、網干発米原行きの快速に乗りかえた。京阪神地区の始発駅としてよく知られているが、明石電車区網干派出所が昭和四三（一九六八）年一〇月に開設されたばかりであり、ヨンサントオの時刻表上では、始発・終着電車の数はあまり多くない（昭和三九年／一九六四年九月の時刻表では始発・終着とも皆無）。京阪神間の電車の網干発着がヨンサントオではじまったらしいということが、時刻表からうかがわれる。

そして姫路の次は岡山に、二二時二三分に到着する。五分停車で二八分発車のあとは、倉敷、金光、福山、尾道、糸崎の順に停車する。糸崎と三原では、特急は三原停車で（「しおじ」など）急行は停車駅を分けているように読みとれるが、「霧島」「高千穂」は糸崎停車である。糸崎と三原の停車列車の分け方については、ご当地に詳しい方に教えを乞いたい。

糸崎から広島の間、現在山陽新幹線東広島駅がある東広島市の西条を過ぎてから、下りでは八本松、瀬野の順で長い下り勾配を下ってゆく。ここは広島方面からの上り線、「セノハチ（瀬野八）」の上り勾配が全国有数の難所として知られており、峠を越えるためのエピソードが数多く残されている(特徴的な補助機関車について後述)。

そして広島到着が一時一〇分で、発車が一五分。私も国鉄末期にほんの少しだけ知っているが、昔の主要駅は一晩中列車が行き来し、一晩中動いていたのである。二年前、長崎のあと広島をたずねたが、その時工事中だった広島駅のリニューアル工事が、現在ようやく終わりに近づいているようだ。

広島のあとは岩国、柳井、下松、徳山。徳山で十七分停車している。さらに防府、小郡(現新山口)、宇部、小野田、厚狭と停車する。

実は二十九年前(平成七年/一九九五年)の秋に、寝台特急「はやぶさ」を宇部で下り、小野田まで一駅を鈍行で移動して、小野田線に乗ったことがある。もちろん長門本山折り返しの、チョコレート色のクモハ42が目当てであった(山口県へ行ったのには、短歌人会の集会に出るという理由があった)。「写ルンです」でクモハ42を撮り、雀田まで戻ったあとは、小野田線から宇部線へ直通する電車で小郡まで出た。そして短歌人会の先輩Fさんに津和野や青海島を案内していただいたの

©JTB
パブリッシング
復刻版時刻表
1968年
10月号より

だが、途中やはり「写ルンです」でSLやまぐち号と、青海島へ行く途中に長門市駅に寄ってもらって、長門市の駅舎も撮影した。山陰本線は出雲市までしか乗ったことがなく、汽車には乗れないにしても、せめても出雲市以西の鉄道施設に立ち寄った証拠を残し、足跡を記したかったのである。

それにしても、その際津和野で「鷗外記念館に寄るか」とせっかく聞いて下さったのに、「鷗外はいいです」と言ってパスしてしまったことが、若気の至りとして悔やまれる。『スーパー読解「舞姫」』を作っている時も、「何とももったいないことだった」と思い出された。

いよいよ本州も西の果てにさしかかって、下関到着は五時一五分である。下関では、客車列車の場合は必ず機関車の付け替えがあった。昭和一七（一九四二）年開通の海底トンネルである関門トンネル専用のＥＦ30形機関車で、塩害に強いステンレスの全面銀色の車体で知られていた。このＥＦ30が造られたのは昭和三六（一九六一）年、門司‐久留米間の交流電化にあわせ、下関から関門トンネルまで直流、トンネル出口と門司駅の間のデッドセクションから九州内は交流で電化されている双方の区間を直通運転できる交直両用機関車であった。ＥＦ81・300番台に後をまかせて昭和六二（一九八七）年に引退した。

ＥＦ30形電気機関車は、下関‐門司間専用の電気機関車であった。昭和六二（一九八七）年のさよなら運転の時だけは門司港‐遠賀川（おんががわ）間を運転し（貨物列車は東小倉まで定期運用）、また昭和三九（一九六四）年一〇月から一年間、直流用のため下関までしか走れない151系電車特急「つばめ」「はと」を下関 - 門司間で牽引したことがあったようだが(注5)、基本的には下関と門司の間で、客車列車と貨物列車を牽くことを使命とした。

このように完全に区間を限定した、ある路線専用の機関車としては、信越本線横川 - 軽井沢間をそれまでのアプト式から通常の粘着運転に切りかえるために開発された「峠のシェルパ」、EF63形電気機関車が思い出される。奥羽本線板谷峠の補機4110形蒸気機関車やE10形蒸気機関車、上越線清水トンネルを受け持ったED16型電気機関車なども同じような用途であるが、特定の二駅間だけのために開発・製造され、一生をそこで終えたという意味も含めれば、EF30とEF63とが双璧と言っていいのではあるまいか(E10は晩年米原 - 田村間の運用に就くなどしている)。

なお、EF30は関門トンネルの「本務機」である。対して碓氷峠のEF63は「補機」だった。本務機とは列車を牽引する主たる機関車で、補機とはその多くが勾配の急な区間にあって補助のためについた機関車である。先にあげた中では、ED16は本務機、板谷峠での4110やE10は補機だ。

補機の逸話は数多く、丹那トンネル開通前の東海道本線(現在の御殿場線)では、当時最新の強力な9900形(のちD50形)蒸気機関車が後補機として列車を押し上げ(特急「つばめ」の速度をかせぐため)、役目が済むと停車せずに走りながら切り離す「走行解放」を行なっていたという。また山陽本線瀬野 - 八本松間の「セノハチ(瀬野八)」でも、貨物列車では二十一世紀に入るまで後補機が連結されていたが、山陽本線広島電化までは国鉄最大最強と謳われたD52がその任についていたそうだ。八本松の手前で走行解放する時は、「ポーン!」という景気のいい音とともにD52が切り離され、みるみる遠ざかって行ったよ、と身ぶり手ぶりをあわせて教えて下さったのは、家内の一家ともども長くお世話になった品川区西五反田のT医院のT先生だった。こうした逸話を思う時、私が本書をつくるための足がかりを今庄駅とするに至ったのは、巻頭に献辞を捧げた西王氏のお導きもさることながら、鉄道の「勾配とのたたかい」を書くように、という宿命があるように思えてならない。

関門トンネルから九州へ「上陸」すると、直流から交流へのデッドセクションを経て門司駅に到着する。ここで前七輌の「霧島」とうしろ六輌「高千穂」が切り離される。前日一一時一〇分に東京駅を発車して、ここまですでに十八時間、長い旅路をともにして来た「霧島」と「高千穂」は、鹿児島本線と日豊本線とに別れてゆく。「霧島」が門司発五時三五分、「高千穂」が四一分だが、この時代の長距離列車のすごさは、そのまま別れっぱなしではないところだ。「霧島」はこのあと博多、熊本を通って西鹿児島に一二時二五分に到着するが、「高千穂」も大分、宮崎を経由して長駆(ちょうく)四百二十キロ、九時間四十四分の長旅の末、三時間遅れて一五時二五分に西鹿児島へ到着するのだ。

そしてそのまま西鹿児島で一夜を過ごし、翌日、「高千穂」は一一時五四分、「霧島」は一四時三三分に、お互い逆方向に日豊本線、鹿児島本線を走って行って、それぞれ二二時四〇分、四八分に門司に着き（今度は「霧島」が後着）、二二時五六分発の32列車・急行「霧島」「高千穂」として東京へ戻るのである。背の硬いボックスシート、夜は床に寝る仕立てではあっても、こんなにロマンのある列車に、機会があればまた乗ってみたいと思うのは、私だけだろうか。

しかも、日豊本線経由で千六百四十七・五キロを直通した「高千穂」は、日本国内の最長記録列車であろう（当時、ブルートレイン「富士」も同じく日豊本線経由で西鹿児島まで走っており、この二列車である）。門司からは2031列車と列車番号が変わる「高千穂」の停車駅は、小倉、行橋、宇島、中津、宇佐、中山香、杵築、別府、大分、臼杵、津久見、佐伯、北川、延岡、南延岡、日向市、高鍋、佐土原、宮崎、南宮崎、三股、都城、西都城、霧島神宮、隼人、鹿児島、終点西鹿児島の順である。

このうち私は、大分－延岡間だけ乗ったことがない。いつかそこを汽車で旅することができるだろうか。定期夜行列車が（サンライズ出雲・瀬戸以外）なくなり、復活の見通しもないいまの鉄道では、残念ながらはなはだ心もとないものがある。こればかりは、「のぞみ」で小倉まで行き、「ソニック」、「にちりん」と乗り継いで宮崎へ行けばよい、という具合にいかないのだ。とはいえ、こうして半世紀以上前に乗った急行「霧島」について書くことも、齢六十になるまで考えたこともなかったのだから、どのようなめぐりあわせがあるかわからない。すべては身のめぐりにまかせるほかないのだろう。

行先		西鹿児島
列車番号		31
駅名＼始発		東京 1110
広島	発	115
岩国	発	157
南岩国	〃	レ
藤生	〃	急
通津	〃	1
由宇	〃	霧島 高千穂
神代	〃	
大畠	〃	
柳井港	〃	
柳井	着	228
	発	230
田布施	〃	レ
岩田	〃	レ
島田	〃	✕
光	〃	レ
下松	〃	255
櫛ヶ浜	〃	レ
徳山	着	304
	発	321
周防富田	〃	レ
福川	〃	レ
戸田	〃	レ
富海	〃	レ
防府	〃	348
大道	〃	レ
四辻	〃	レ
小郡	着	404
	発	406
嘉川	〃	レ
本由良	〃	レ
厚東	〃	レ
宇部	〃	430
小野田	〃	436
厚狭	着	443
	発	444
埴生	〃	レ
小月	〃	レ
長府	〃	レ
長門一ノ宮	〃	レ
幡生	〃	レ
下関	着	515
	発	520
門司	着	528
博多	着	639
着		1225

さて、門司までうしろに「高千穂」を従えて来た「霧島」は、荷物車・郵

便車各一輌を含む単独九輌編成の31列車となって、小倉、折尾を経て博多へ向かう。折尾はつい二年前に大がかりな高架式四面七線の機能性あふれる駅に変貌したが、もとは若松起点で原田(はるだ)を終点とする筑豊本線の上を鹿児島本線が乗り越している「日本最古の立体交差駅」だった。何度か鹿児島本線の列車で通り過ぎたが、下の方に筑豊本線の列車がいれば「たしかに立体交差している」と実感するところがあったものの、よく構造を把握していない遠方からの旅人には、どういう形の立体交差なのか、正直なところわかりにくい感もあった(長じてから、特急で何度か通過した)。ただ、直方方面からの筑豊本線の列車が鹿児島本線上の折尾駅へ入らずにとなりの黒崎へ向かえるよう、筑豊本線と鹿児島本線をつなぐ短絡線(貨物線)上に「鷹見口」という改札口を設けたホームがあるなど、印象的な建造物だった旧駅舎ともども、長い歴史を語る魅力的な駅であったようだ(二〇二二年三月一二日、まさに鷹見口廃止、新線切り替え当日に新駅を通った。座席が「ソニック3号」の右側だったため、若松方面への6・7番ホームこそ見落としたが、昔日の面影のまったくない堂々とした高架駅に目をみはった)。

また黒崎はこのヨンサントオの「霧島」には通過されているが(古くからの折尾の「格」によるものか)、その後北九州市の「副都心」として八幡 - 折尾間の代表的な特急停車駅となっていた。近年、小倉を本店とする百貨店「井筒屋」が撤退するなど、「黒崎の凋落」をネットニュースで見ることが多く、さびしいものがある。

博多の一つ手前の吉塚からは、同駅で合流した篠栗(ささぐり)線の単線が鹿児島本線の複線に添う形となり、三線が並んでいる。福北ゆたか線という愛称がつけられており、時刻表あるいは地図を見ながらでないと、どういう線なのかわかりにくい。そもそも筑豊本線をメインとする筑豊地区は、国鉄のローカル線が入り組んでいて、難解なことこの上なし。すみずみまで路線がめぐらされていた北海道を上回る、日本一の鉄道密集地域だった。『時刻表2万キロ』の「第3章　唐津線・松浦線・大村線・三角線・指宿枕崎線・宮之城線・香椎線・勝田線・日田彦山線・田川線・伊田線・添田線・上山田線・加古川線・三木線・北条線・鍛冶屋線」の章には、「筑豊線群の列車ダイヤは、門司（鉄道）管理局の一五年以上のベテランでないと作成できないという話だ」と書かれているが、さもありなんと思う。何しろあの宮脇氏でさえ、列車が逆方向に走り出して驚いたり、乗り換え列車（ホーム）が見当たらなくて駅員に聞いたりした、などと書いておられるのである。

私も一度、筑豊本線に乗って筑豊を旅してみたいと思うのだが、日豊本線の大分‐延岡間同様、

キロ数	駅名		西鹿児島行 2031 東京始発 1110
0.0	門司港	発	‖
5.5	門司	着	528
		発	541
11.0	小倉	着	548
		発	551
14.5	南小倉	〃	急 1 高千穂
17.1	城野	〃	
22.6	下曽根	〃	
26.0	朽網	〃	
29.6	苅田	〃	
33.2	小波瀬	〃	
36.0	行橋	着	613
		発	613
41.2	新田原	〃	レ
44.9	築城	〃	レ
47.9	椎田	〃	レ
52.8	豊前松江	〃	レ
56.2	宇島	〃	635
59.0	三毛門	〃	レ
62.8	中津	〃	644
67.7	東中津	〃	レ
71.1	今津	〃	レ
73.5	天津	〃	レ
76.5	豊前善光寺	〃	レ
80.1	柳ヶ浦	〃	レ
82.0	豊前長洲	〃	レ
86.8	宇佐	〃	709
90.4	西屋敷	〃	レ
96.2	立石	〃	レ
101.4	中山香	〃	726
110.2	杵築	〃	739
114.3	大神	〃	レ
118.2	日出	〃	レ
122.3	豊後豊岡	〃	レ
126.0	亀川	〃	レ
131.9	別府	着	803
		発	804
133.9	東別府	〃	レ
141.5	西大分	〃	レ
144.0	大分	着	817
		発	825
149.1	高城	〃	レ
152.1	鶴崎	〃	レ
155.4	大在	〃	レ
158.5	坂ノ市	〃	レ
162.9	幸崎	〃	レ
170.1	佐志生	〃	レ
172.2	下ノ江	〃	レ
175.8	熊崎	〃	レ
178.7	上臼杵	〃	レ
180.3	臼杵	〃	902
190.0	津久見	〃	914
195.5	日代	〃	レ
199.3	浅海井	〃	レ
203.1	狩生	〃	レ
205.9	海崎	〃	レ
208.9	佐伯	着	934
		発	935
213.5	上岡	〃	レ
219.9	直見	〃	レ
224.7	直川	〃	レ
235.3	重岡	〃	レ
242.1	宗太郎	〃	レ
249.6	市棚	〃	レ
254.3	北川	〃	1039
257.8	日向長井	〃	レ
262.4	北延岡	〃	レ
267.3	延岡	着	1054
		発	1055

©ＪＴＢパブリッシング
復刻版時刻表１９６８年
１０月号より

いつその機会を作れるか、はなはだ心もとない。行くとなれば費用も時間も当然かかる。せっかく行くなら最低でも二泊三日となるだろうから、日程のやりくりも大変だ。何か大きな動機となるものがあれば、何とかなる範疇だろうが、動機、きっかけで考えると、今の地方鉄道線の状況では、先に芸備線に乗る必要があるように思えるため、筑豊への具体像はなかなか立ち上がって来ない。

私が筑豊に行きたいと思う根底には、父が若い頃炭鉱で働いた経験を有していたことがあるのではないかと考えられるが（迂闊なことにどこの炭鉱だったか聞かずじまいであった）、それに加えて、何か今やらなければ、という動機が生じれば、実現に向けてレールが敷かれることとなるだろう。

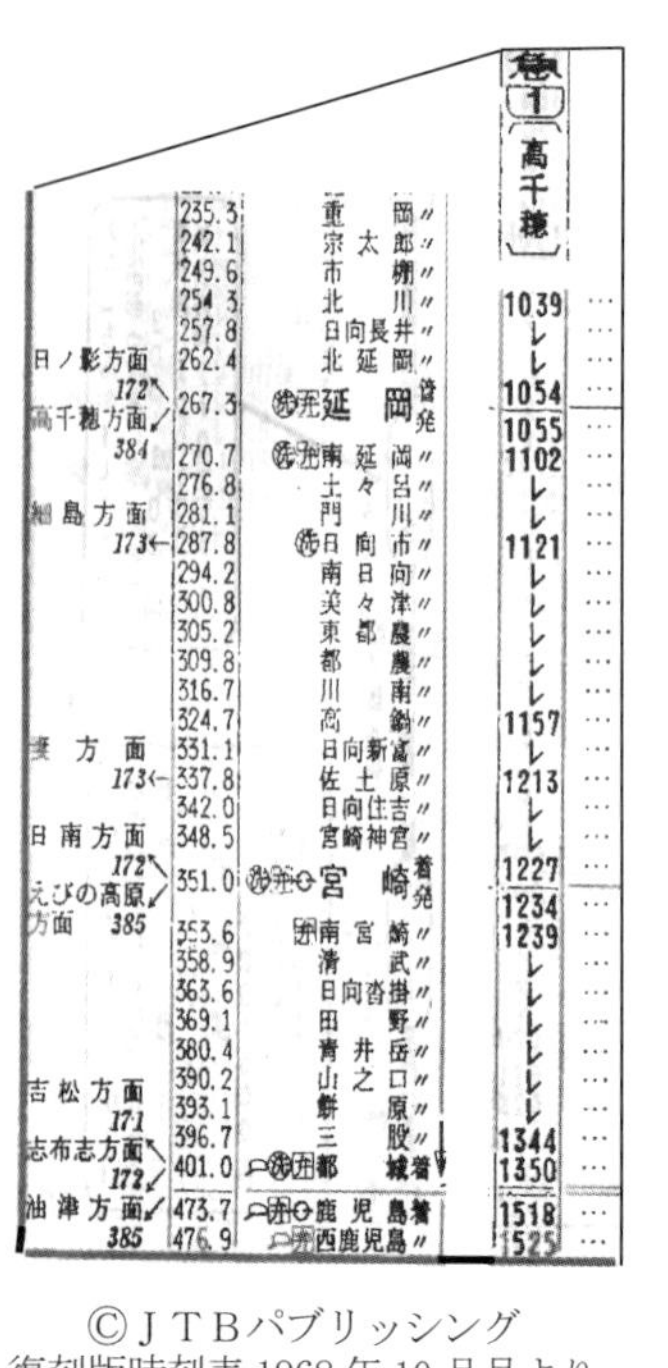

方面	キロ	駅名	急1 高千穂
	235.3	重岡	
	242.1	宗太郎	
	249.6	市棚	
	254.3	北川	1039
	257.8	日向長井	レ
日ノ影方面	262.4	北延岡	レ
172 高千穂方面 384	267.3	延岡 着/発	1054/1055
	270.7	南延岡	1102
	276.8	土々呂	レ
細島方面	281.1	門川	レ
173	287.8	日向市	1121
	294.2	南日向	レ
	300.8	美々津	レ
	305.2	東都農	レ
	309.8	都農	レ
	316.7	川南	レ
	324.7	高鍋	1157
妻方面	331.1	日向新富	レ
173	337.8	佐土原	1213
	342.0	日向住吉	レ
日南方面	348.5	宮崎神宮	レ
172 えびの高原方面 385	351.0	宮崎 着/発	1227/1234
	353.6	南宮崎	1239
	358.9	清武	レ
	363.6	日向沓掛	レ
	369.1	田野	レ
	380.4	青井岳	レ
吉松方面	390.2	山之口	レ
171	393.1	餅原	レ
志布志方面	396.7	三股	レ
172	401.0	都城 着/発	1344/1350
油津方面	473.7	鹿児島 着	1518
385	476.9	西鹿児島	1525

©ＪＴＢパブリッシング
復刻版時刻表1968年10月号より

ヨンサントオの頃には、まだ福北ゆたか線の名称は登場していない。また現在は地下鉄空港線となっている姪浜（めいのはま）までも筑肥（ちくひ）線のままである博多駅に、急行「霧島」は六時三九分に到着する。この頃はまだ新幹線のホームがなく、四面八線の博多駅だ。

博多では五分間停車して、六時四四分に発車する。七年前に満百歳で他界した大正七年生まれの伯母が、飲んで話している時、博多から二日市方面へ汽車が動き出してからが九州だ、というような感覚を示したことがあったのを思い出す。鹿児島生まれで、関門トンネルが開通する前に成人している年齢だから、門司が九州の北端であることを知らぬはずがない。だが二度三度、そのような話を聞いた覚えがあるから、伯母の感覚の中で、博多が九州の入り口であるか、それに近い認識があったのだろう。あるいは、それは新幹線が新関門トンネルを出てすぐ小倉に停車し、さらに十六、七分で博多に到着してしまうようになってから、生じた感覚だったのかも知れない。

博多から鳥栖までは、先の折尾駅通過の前日に「ハウステンボス13号」の最前列（車輛はハイパーサルーン781系）に乗って行った。前面展望をしていると、西鉄との交錯の様子もよくわかる。二日市には年長の従兄が一人、住んでいる。急行「霧島」に乗ったのも父の生家へ帰る帰省の旅だったが、やはり鹿児島が父祖の地であるゆえ、九州には縁の深いものがあるとその時も強く感じた。

ところでJR、旧国鉄の鹿児島本線は、大宰府へ行くのには向いていない。西鉄二日市からは大宰府線が分岐しているが、西鉄二日市駅は鹿児島本線の二日市駅からは一キロ近く離れていて、何が何でも鹿児島本線から乗り換えるんだ、と思えばできないことはないだろうが、一般に電車で大宰府へ向かうなら、天神から西鉄大牟田線を使うだろう。私も過去に二度、大宰府をたずねたことがあるが、一度は車で連れて行ってもらったものの、いま一度は家内と二人で天神から電車で行った。それに大宰府政庁跡にも、鹿児島本線の都府楼（とふろう）南駅より西鉄大牟田線の都府楼前駅の方が近いようだ。ただ鹿児島本線が大宰府の近くを通っていないとはいえ、雰囲気は十分で、平安のむかし菅原道真（すがわらのみちざね）や藤原佐理（ふじわらのすけまさ）が境遇を嘆いたであろう鄙（ひな）のイメージを味わうのに不足はない。

これも二年前のことだが、鳥栖駅に到着すると、三面六線ある駅のたたずまい、年代を感じさせるホーム上屋の形状などが、五十三年前とほとんど変わってないと思われることに驚き、感心させられた。もちろん上屋の補修や延長などはされているだろうし、私の方も五十三年前の記憶がしっかり残っているわけではない。むしろ鳥栖駅の情景として記憶にあるのは、大学一年と三年の秋に通り過ぎた際の姿だろう。それでも四十年ほど前の姿とほとんど変わらない鳥栖駅の様子に、何とも言えない感慨があった。

さて、ヨンサントオの時刻表が語る31列車、急行「霧島」は、この鳥栖で荷物車一輛を切り離す。牽引機と客車列車の間に位置する荷物車だから、ここでの四分の停車時間はその切り離しのためにも用いられたのだろう。そのためだろうか、その「霧島」で通った時の情景は覚えていないずだと言いながら、小学一年生だった私が、「とす」という駅名については長く記憶していたのである。途中から地理の知識が混ざったかも知れないが、佐賀県に所在しているということも、たしか知っていたように思う。鳥栖、久留米、大牟田という停車駅の駅名も、ずっと覚えていたと思われる。

久留米を出て大牟田へ向かう途中、久留米から三駅目に羽犬塚(はいぬづか)、その二駅先に、瀬高(せたか)という駅がある。どちらも今は一般的な途中駅となっているが、かつては羽犬塚が矢部線、そして瀬高が柳川を通って佐賀に至る佐賀線を分かつ分岐駅であった。『時刻表2万キロ』では、鹿児島本線上に忽然とあらわれ、瀬高までの二駅、三行しか記されていない謎の列車に着目した宮脇氏が、その列車、昭和五二（一九七七）年四月某日の821D列車の前後の動きを時刻表上で追って、とうとう、矢部線の終点の黒木を三十八分前に出てきた426D列車が羽犬塚から821D列車となって瀬高へ行き、佐賀まで往復してからまた鹿児島本線へ戻って羽犬塚に向かい、あとは矢部線の折り返し運用に入るということを解明した顚末を、嬉々として書いておられる。

私がそのくだりを熱心に読んだのは、時刻表を「読む」同書の真骨頂ともいうべき描写であることに加え、私自身が羽犬塚へ行ったことがあるからである。大学一年の初秋、福岡でヘラブナ釣りの名人にお会いして車をお借りし（昭和五六年／一九八一年のことであった。よく車を貸して下さったものである）、熊本から九州山地のふところ深く米良荘（めらのしょう）までヘラ釣りの合宿に行った帰りのことだ。最後は熊本に一泊して、翌日帰福の上で車をお返しし、皆は博多から新幹線で帰ったが、私は一人、一七時五〇分発のブルートレイン「はやぶさ」で横浜まで帰ることにした。都内在住のメンバーが、当時片道七時間かかった「ひかり」で帰れる時刻だ。当然、時間がかなりある。

そこで私が考えたのは、持っている九州北ワイド周遊券で、行けるところまで適当な列車に乗って行き、博多へ引き返して来ることだった。その時間に一人で酒を飲むことを考えない大学一年生とすれば、まあ順当な時間のつぶし方だろう。

周遊券は、後身の周遊きっぷまで惜しくも二〇一三年に廃止されてしまったが、地方へ旅する時にはこの上なくありがたい切符だった。

はじめての福岡だから、長崎方面や小倉方面に乗って行くことは考えなかった。私が作案したのは、まっすぐ西鹿児島方面へ、特急「有明」で行けるところまで行って引き返すことだったのだ。

二度目の訪問もまだしていない両親の郷里の方面をめざす気持ちが強かったのは当然だろうが、幼い頃の「霧島」の旅が私を呼んだのも間違いのないところだろう。

その時、博多一四時〇六分発の「有明17号」で行ってみようと思ったのが、羽犬塚だった。もちろん時刻表で予定を立てたその時まで、まったく知らない駅名だったが、とにかくなるべく遠くへ行って、「はやぶさ」の乗車時刻に間に合うように博多へ戻る、その観点で時刻表を「読む」と、鹿児島本線では「有明17号」で一四時四九分に羽犬塚に着き、折り返し一五時五一分発の熊本からの普通列車門司港行きで博多に一七時〇二分に帰着、となるのだった。今時刻表の昭和五六(一九八一)年九月号を見ると、「有明」の往復で大牟田まで行って帰ることができるから、帰りは普通列車にしたいとか、何か理由があったのだろう。

キロ数	駅名		行先 西鹿児島 列車番号 31 始発 東京 1110	水俣 941D
0.0	門司港	発	‖	…
5.5	門司	着	528	…
		発	535	…
11.0	小倉	着	541	…
		発	542	…
17.2	戸畑	〃	レ	…
20.0	枝光	〃	[illegible]	…
23.2	八幡	〃	1	…
25.9	黒崎	〃	レ	…
31.1	折尾	着	559	…
		発	600	…
33.2	水巻	〃	(霧	…
35.3	遠賀川	〃		…
40.4	海老津	〃	島)	…
47.5	赤間	〃		…
51.7	東郷	〃	レ	…
57.6	福間	〃	レ	…
61.6	古賀	〃	レ	…
66.1	筑前新宮	〃	×	…
70.8	香椎	〃	レ	…
76.4	箱崎	〃	レ	…
77.4	吉塚	〃	レ	…
79.2	博多	着	639	…
		発	644	…
81.9	竹下	〃	レ	…
85.9	南福岡	〃	レ	…
88.4	白木原	〃	レ	…
89.8	水城	〃	レ	…
93.4	二日市	〃	レ	…
98.9	原田	〃	レ	…
102.4	基山	〃	レ	…
106.6	田代	〃	レ	…
107.8	鳥栖	着	708	…
		発	716	…
111.4	肥前旭	〃	レ	…
114.9	久留米	着	723	…
		発	724	…
119.8	荒木	〃	レ	…
123.6	西牟田	〃	レ	…
127.1	羽犬塚	〃	レ	…
130.1	船小屋	〃	レ	…
133.2	瀬高	〃	レ	…
136.2	南瀬高	〃	レ	…
140.1	渡瀬	〃	レ	…
145.3	銀水	〃	レ	…
148.5	大牟田	着	751	…
		発	752	…

この偶然の羽犬塚駅との出会いによって、そこが筑後市の中心駅であること、矢部線の終点黒木が八女茶で有名な八女市を通り抜けた場所にあること(八女市の中心駅は筑後福島)を知ったほか、二つ先の瀬高から分かれた佐賀線がクリーク地帯を抜けて佐賀まで至ることなども勉強した。

ちなみにこの羽犬塚と瀬高の中間にある船小屋駅に九州新幹線が接続し、筑後船小屋駅となった（在来線船小屋駅は五百メートルほど移設）。現在、在来線の快速が羽犬塚、筑後船小屋、瀬高と三駅連続で停車しているが、両駅はかつて一部の列車ではあるが、特急「有明」の停車駅だったのだから、当然のことであろう。

急行「霧島」は羽犬塚や瀬高には停車せず、久留米の次は大牟田に停車する。大牟田発が七時五二分、次の玉名が八時一〇分発で、熊本着が八時三五分。下り列車では、郵便車がここ熊本まで連結されて来て、お役御免となる。上りは荷物車・郵便車とも、鳥栖で列車の最後尾に連結されるだけだから、門司での「高千穂」との連結の際も支障になることなく、しんがりでおとなしくしていたことだろう。しかし下りの熊本では、荷物車を切り離した鳥栖同様、牽引機が一度動いて入れ換え機が郵便車を引き出したあと、ふたたび牽引機が戻ってきて連結するという入れ換えが、淡々と行なわれたものと思われる。こうした機関車の入れ換え作業も、旅客ホームで見かけることは、今ではほとんどなくなった。

かくて八時四三分、正真正銘客車七輌だけの編成となった急行「霧島」は、西鹿児島をめざして熊本駅を発車して行く。前日の一一時一〇分に東京駅を出た時の十五輌編成の、半分以下の長さである。またこの先、時間の面から見ると、昼行急行と言っていい。東京から京都、大阪までは昼行の時間帯、大阪から博多、熊本までは夜行、そして熊本からはふたたび昼行の時間帯を一本の列車が走り、総計二十五時間十五分のロングランの末、ようやく西鹿児島に到着するのである。熊本からは、まだ三時間四十二分を要する。九州新幹線の南からの開業が優先されたはずだ。

熊本の次は八代だ。

駅	時刻
銀水	レ
大牟田	751/752
荒尾	レ
南荒尾	レ
長洲	レ
大野下	レ
玉名	810
肥後伊倉	レ
木葉	レ
田原坂	レ
植木	レ
西里	レ
上熊本	レ
熊本	835/843
川尻	レ
宇土	レ
松橋	レ
小川	レ
有佐	レ
千丁	レ
八代	914/915
肥後高田	[illegible]
日奈久	
肥後二見	
上田浦	
肥後田浦	
海浦	
佐敷	
湯浦	レ
津奈木	1003
水俣	1013/1014
袋	レ
米ノ津	レ
出水	1031/1035
西出水	レ
高尾野	レ
野田郷	レ
折口	レ
阿久根	1058
牛ノ浜	レ
薩摩大川	レ
西方	レ
薩摩高城	レ
草道	レ
上川内	レ
川内	1128
西鹿児島	
鹿児島	

こうして見ると、博多からの停車駅は、現在の九州新幹線「つばめ」と大差ない。いやむしろ、停車駅の数だけ見れば、羽犬塚、瀬高のところで築後船小屋に停まる分、新幹線の方が多く停車する。また沿線の景観で言うと、八代からが鹿児島本線の真骨頂である。八代の二つ南の日奈久（ひなぐ）（現日奈久温泉）の先から海岸線に沿い、ところどころ内陸部へ入るけれども、おそらく川内までの営業キロの半分近くは、海岸沿いか海岸近くを走っているのではあるまいか。また八代 - 川内間は現在第三セクター肥薩おれんじ鉄道線となっているが、同社のホームページをひらくと、「観光列車おれんじ食堂」の案内で、息を呑むような美しい海辺の夕景の画像に迎えられる。まことに風光明媚な海沿いの路線となるのであるが、それゆえ曲線区間が多く、ただでさえ時間がかかり、また単線区間を多く持つため、東海道・山陽新幹線の列車の遅れが、翌日の鹿児島本線のしかも上りに影響するなどということがあって（上下列車が行き違いしないと先へ進めないため、新幹線の遅れを受けた鹿

児島本線下り列車の遅れが上り列車に波及する）、予定変更で思わぬ苦労をさせられたという宮脇氏の述懐が、『時刻表2万キロ』のこの区間（宮之城線に乗る時）で印象的である。

ただ残念ながら私は、八代以南は小学一年生の急行「霧島」の旅以来、乗ったことがない。八代のあと津奈木、水俣に停車したあとの出水からは鹿児島県だから、両親の会話から耳にしていた阿久根、川内（「霧島」の旅の時もここで宮之城線に乗りかえて、宮之城の母の従兄弟の家に行っている）、串木野などの地名はその後親しく覚えて育った。また阿久根は、長くお世話になった歌人舎の鈴木實先生の師にあたられる田中常憲先生が母校の阿久根小学校の校歌を作詞なさっており、その楽譜を私の妻がピアノで弾いて、私が歌人舎の会合で歌ったことがあり、なじみが深い。

いずれにせよ川内を過ぎれば、丸一日を超える急行「霧島」の旅も終着間近だ。列車も疲れているし、乗客も、下車駅に着いた人は郷里に帰った喜びとともに解放されるが、硬い座席や床で一晩を過ごした倦怠感がただよう車内には、列車と同じく疲れた顔が並んでいたことだろう。長い全道中をともにしたのは、客車と乗客である。乗務員は途中で交代しているし、機関車も関門トンネル前後で付け替えられている。「霧島」では七輛の客車と乗客だけが、二十五時間の道中を一蓮托生で遠路はるばるたどって来たのである。

飛び交う言葉の大半は鹿児島弁になっていて、おそらく私の両親も、「ふるさとの訛りなつかし」く、体は疲れていても心を躍らせていたのではないだろうか。その頃父は四十二歳、母は三十七歳である。兄が中学へ上がるのに一年半あまり、夢の多い年代だったろう。母の両親は早くに亡くなってしまったため、母方は遠い親類しかいなかったが、父の生家には私の祖母（すなわち父の母）が健在で、六人いた父の兄姉も（ほかに妹が一人）、戦死した兄と新潟、東京に住む姉たち（うち一人が先述の伯母）を除いて郷里に住んでいた。後年、私が一人で父の郷里を訪ねた際、伯父の友人で父とも親しかった町議のCさんがわざわざ酒を飲みにいらして下さったが（「薫どん－父の名－の息子さんかい」と喜んで下さった）、東京生まれで東京育ちの家内が驚くほど、血縁や地域のつながりを大事にする土地柄である。

その父母の郷里は伊集院（いじゅういん）。急行「霧島」では、終点西鹿児島の一つ手前である。私たちはここで下車した。当時はまだ、地元で「南薩線（なんさつせん）」と呼ぶ私鉄の鹿児島交通枕崎線の接続駅だった。伊集院から枕崎まで約五十キロを一時間四十分ほどで結んでいた。私たちも父の生家に滞在中、一日南薩線に乗って海水浴の名所吹上浜（ふきあげはま）に行っている。途中、列車の行き違いをする駅で、松の木の幹に大きなクマゼミがとまっているのを見て、「でっけえなあ、これがクマゼミか」と驚いた覚えがある。

またこれも後年、父と酒を飲むようになってからの話だが、南薩線の列車がときどき上り勾配を上りきれないことがあったという話を聞いた。そんな時、乗客は下りて勾配の上まで歩いて行き、列車は後退して谷の反対側の一度は駆け下りた下り勾配をバックで上ってから、再度駆け下りて来て勢いをつけ、難関の上り勾配をクリアしたという。そんな話を若い時から聞いていたので、のちに鉄道の峠や軽便鉄道（例えば草軽電鉄）などの勾配、脱線等の話を読んだり聞いたりし、また筆に起こすといった営みをするのに、何か非常に親しみやすい、近しい話題と感じることが多かった。

さて、私たち一行は一二時四分に到着の伊集院で急行「霧島」の旅を終えているが、「霧島」自身はあと一駅、西鹿児島（現在の鹿児島中央）まで、最後の歩みをつづける。「霧島」は通過する駅だが、薩摩松元、上伊集院を過ぎてから西鹿児島へ至る手前に、20パーミルの急勾配があり、単線時代は広木信号場が置かれていた。千五百キロ、二十五時間の遠路をたどって来た急行「霧島」は、この難所を越えてようやく終点の西鹿児島にたどり着くのである。牽引していたのは、おそらく長距離列車用の花形ディーゼル機関車だったＤＤ51だろう。西鹿児島到着が一二時二五分。こうして時刻表と文章で振り返ってみても、長駆(ちょうく)駆け抜けた列車に「お疲れ様」の言葉をかけたくなる。二

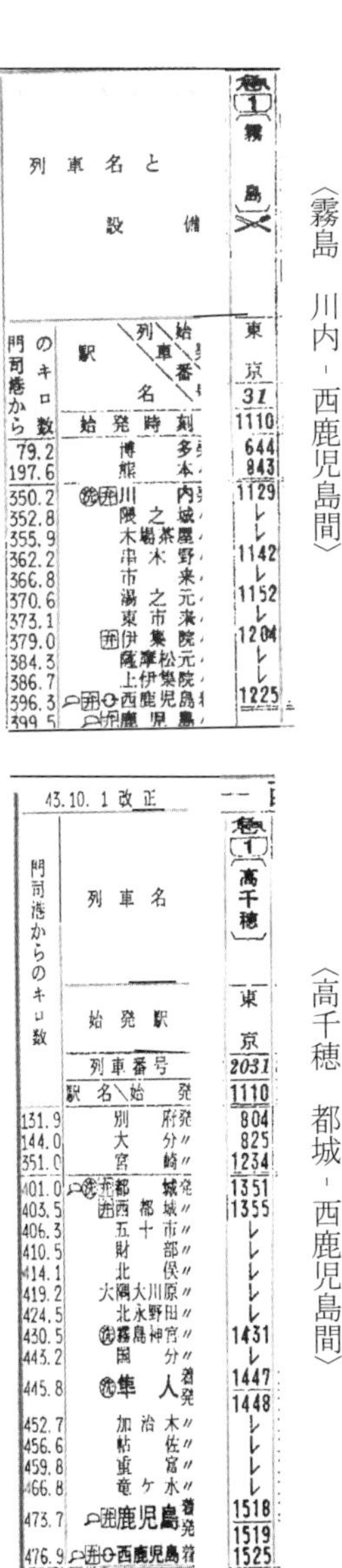

門司港からのキロ数	列車名と設備	急行 1 霧島
	始発	東京
	列車番号	31
	始発時刻	1110
79.2	博多	644
197.6	熊本	843
350.2	川内	1129
352.8	隈之城	レ
355.9	木場茶屋	レ
362.2	串木野	1142
366.8	市来	レ
370.6	湯之元	1152
373.1	東市来	レ
379.0	伊集院	1204
384.3	薩摩松元	レ
386.7	上伊集院	レ
396.3	西鹿児島	1225
399.5	鹿児島	

〈霧島　川内 - 西鹿児島間〉

43.10.1改正

門司港からのキロ数	列車名	急行 1 高千穂
	始発駅	東京
	列車番号	2031
	駅名＼始発	1110
131.9	別府発	804
144.0	大分〃	825
351.0	宮崎〃	1234
401.0	都城発	1351
403.5	西都城〃	1355
406.3	五十市〃	レ
410.5	財部〃	レ
414.1	北俣〃	レ
419.2	大隅大川原〃	レ
424.5	北永野田〃	レ
430.5	霧島神宮〃	1431
443.2	国分〃	レ
445.8	隼人着	1447
	隼人発	1448
452.7	加治木〃	レ
456.6	帖佐〃	レ
459.8	重富〃	レ
466.8	竜ケ水〃	レ
473.7	鹿児島着	1518
	鹿児島発	1519
476.9	西鹿児島着	1525

〈高千穂　都城 - 西鹿児島間〉

年前、品川から博多まで五時間弱ののぞみ（東京 - 博多間はちょうど五時間）で博多に着いた時も、はるばる終着駅にたどり着いたと感じたが、二十五時間を超えて南の果てにたどり着いた「霧島」

では、その感慨はひとしおのものがあったことだろう。

そして三時間後には、さらに八十キロ遠回りをして来た急行「高千穂」が、日豊本線鹿児島駅側から、ようやく到着するのである。現在の鹿児島中央駅や市街の活況のニュースは、鹿児島にルーツを持つ者として素直に嬉しいが、このような「霧島」と「高千穂」の終着駅であった「西鹿児島駅」も、特筆すべき鉄路の旅の終着駅として、記憶に刻んでおきたいものだ。

この時の後日談だが、十日ほどたって東京へ帰る時、今度は西鹿児島から、新大阪行きの寝台特急「あかつき1号」への乗車となった。伊集院から西鹿児島までは、もちろん汽車で行ったのだが、これが本物の「汽車」であった。

すなわち鹿児島本線の鹿児島電化は翌年一〇月のことだから、特急や急行はＤＤ51が牽引したが、普通列車はいまだに蒸気機関車が牽引していたのである。伊集院発一三時五四分、西鹿児島着一四時一八分の127列車（ちなみに鳥栖始発である）を牽引していたのは、たしかＣ61形蒸気機関車ではなかったかと記憶している。そう、日々の暮らしにおいてでこそないが、後年復活した「ＳＬ列車」ばかりでなく、れっきとした本線上の定期運転列車において、私は蒸気機関車の牽引する列車に乗った経験を有しているのだ。

「あかつき」については、車内の記憶はまったくない。行きの「霧島」にくらべて立派だくらいのことは言い合ったに違いないが、覚えているのは、客車は20系のブルトレながら、緩急車があの丸みを帯びたナハネフ22でなかったことに、がっかりしたことだけだ。おそらくナハネフ21かナハネフ23だったのだろう。鳥栖で長崎からの編成を連結するから仕方がないのだが、そこまでの知識もなければ、たぶん聞いて理解するほど詳しくもなかったのだと思われる。今から思えば、「あかつき」の鹿児島編成と長崎編成が鳥栖で連結するなど垂涎ものだし、二十六年後の平成七(一九九五)年に京都発長崎行きの「あかつき」を時刻表から自然と選び出すことになった種も、この時にまかれていたのだが。

幼い、きれぎれの記憶を交えてではあるが、ヨンサントオの時刻表、『JTBのMOOK　時刻表復刻版　1968年10月号』に基づいて、昭和四四(一九六九)年の夏に私が乗った急行「霧島」(東京‐門司間「高千穂」併結)の二十五時間十五分の道程を、描いてみた。新幹線の全国展開と運転系統細分化の流れの中で、夢のような列車と思える「霧島」「高千穂」のありようから、汽車の旅の楽しさをくみとっていただけたら、鉄道の旅を愛する者としてまことに嬉しい限りである。

(注1　開業の一九六四年一〇月から一九七五年一〇月の山陽新幹線博多開業までは、東京駅新幹線ホームは16‐19番線の四線だった。『JTBのMOOK　時刻表復刻版　1968年10月号』からは、16・17番線が「こだま」用、18・19番線が「ひかり」用とされていたことが見てとれる。一九七五年の博多開業後に14・15番線が新幹線ホームになって六線となり、一九九一年の東北・上越新幹線東京乗り入れ、さらに一九九七年の北陸新幹線長野開業時に各一面二線が追加され、現在の東海道・山陽六線、東北・上越・北陸四線の形になった。北陸新幹線長野開業時の現20・21

番線設置の際に、中央線ホームが現在の位置に上げられ、3‐10番線がスライドした。

(注2　この時戸下温泉、垂玉(たるたま)温泉などの看板やバス停を見るとともに、深い谷を越えて行くさまに目をみはり、阿蘇のスケールの大きさを知った。今ネットで調べてみると、戸下温泉は昭和五四(一九七九)年に廃湯になったと書かれているが、バス停か看板はたしかにあったのだと思う。これより前にも後にも、阿蘇の「戸下温泉」にふれる機会はなかったのだから。また平成二八年熊本地震の際、阿蘇でも橋の崩落で大学生が亡くなるなどの痛ましい犠牲があり、この時の阿蘇の記憶が鮮烈であっただけに身近に感じられ、ご冥福を祈るばかりだった。

(注3　優等列車の号数が下り奇数、上り偶数となったのは昭和五三(一九七八)年一〇月のゴーサントオ(53・10)ダイヤ改正時。「狩人」が歌った「あずさ2号」(昭和五二年/一九七七年三月)の時点では、下り特急「あずさ2号」が朝八時ちょうどに新宿駅を発車していた。

(注4　本書七一ページ「そして揖斐川‐『しらさぎ』との出会い」に詳述。私は「長良をこえて、そして揖斐川」という一節を思い立ち、しばらくの間、揖斐川がある特殊な区切りの意味を持つ川なのではないかという考えにとらわれていたことがある。

(注5　東海道新幹線開業に伴い、151系電車特急「つばめ」「はと」が運転区間を西へ移し、新大阪‐博多間を結んだ。下関までは直流での電車運転、下関から関門トンネルを抜けて門司まではEF30、門司からをED73が牽引した。機関車牽引区間では、サービス電源用の電源車サヤ420を連結したことでも知られる。

紀行小説　気多の宵風

紀行小説　気多の宵風

大阪を昼過ぎに出た特急「サンダーバード19号」が、金沢で富山行きの前三輌を切りはなし、北陸本線上を三分おくれて発車したのち、停車はしない津幡（つばた）から、七尾線へと入ってゆく。以前は朝市で有名な輪島が終点で、全線がJRの線だった。途中の穴水から分かれて能登半島の先端近い蛸島（たこじま）をめざす旧能登線が、まず第三セクターのと鉄道に移行して、その後しばらくはがんばっていた七尾線も、和倉温泉までの電化と特急乗り入れなどが契機となり、七尾を境にJR七尾線と、のと鉄道七尾線とに、分かたれる結果となった（注）。

線名の由来である七尾は、和倉温泉のひとつ手前だ。東側の付け根に位置する氷見（ひみ）（富山県氷見市／山を越えた富山湾側になる）をのぞけば、能登半島でいちばん人口の多い市ということになる。半島の真ん中右半分を切り欠いたような七尾湾にのぞむ、港町である。

その七尾湾に浮かぶ能登島へは、長い間船でのアプローチしかなかったが、いつだったかちょうど私が能登島へ遊びに行ったその直後に、念願の橋が開通することになっているのだと聞いたおぼえがある。

能登半島を訪れるのは、久しぶりだ。いちばん最後に行ったのは、昭和が終ろうという頃だったから、もう十二、三年も前のことになる。その時は商用で、寒い季節だった。帰りに時間があれば、能登の一の宮、気多（けた）大社をたずねようと思っていたが、大雪を降らせる寒気団が接近中とのニュースのために、早々に仕事を切り上げて最終便の小松空港へと急いだのである。その時はすぐにも機会を作って気多大社へ足を運ぼう、などと思っていたが、その後ほどなく命じられた転勤や何かのために、とうとうそれきり能登へ向かうチャンスは得られなかった。今日はたまたま、このところ空きのなかったスケジュールに一日半の空白が生じたので、とつぜん思い出した雪の日の未練を解き放つべく、大阪から新幹線の予定を変更し、はやる心を一路能登へとせき立ててきたわけである。

こんな気ままな一人旅も、考えてみればじつに長いこと忘れていたもののひとつであろう。ふってわいたような一日半の僥倖(ぎょうこう)に、私はいつしか少年の日のきらめくような躍動感を思い出していた。それはごくあたりまえのものであるかのごとき自然さで、今の私の心の色としてその場を統(す)べているのだった。

能登の一の宮、気多大社をたずねるのは、じつはこれがはじめてではない。もう記憶もうすれかけている子供のころ、当時金沢に住んでいた叔父に連れられて、大島という海水浴場へ出かけた帰りがけに立ち寄ったことがある。今から数えれば、三十年ほども昔のことになるだろうか。

当時は羽咋(はくい)から、私鉄の北陸鉄道能登線が半島の西岸に向かって延びており、夏季の海水浴シーズンには金沢から国鉄の乗り入れ便が直行していた。その時の叔父の話で、この線はもともと単独の私鉄の会社であったものが、戦争中多くの同業の会社が統合されたことの一環で、現在は金沢市周辺に二つの鉄道線を残している北陸鉄道に統合されたのだと聞いたことを、私はずっと忘れずにいたものである。その時私が乗ったのはディーゼルカーだったが、もっと以前には蒸気機関車に牽引された長い列車が、海岸沿いの松林の中を力強く走りぬけていたのだと教えられたのも、私の脳裏にそのことを印象づける大きな要因となっていたのだろう。

　従兄弟二人との日本海での海水浴は私にとって未経験の喜びで、ずっといつまでも海に入っていたかったが、子供の目にもまだ夕暮れまでにはだいぶ時間があると思われる昼下がりに、叔父は私たち三人を呼びあつめ、海水浴はこれで切り上げ、一の宮へお参りに行くからすぐに着替えるようにと命じた。叔父の口調はおだやかだったが、抵抗することは許されない威厳に満ちており、二人の従兄弟は黙ってその言葉に従った。私は年かさの兄の方がもっと海にいることを主張してくれないかと期待したのだが、彼は意外なほどに淡々と着替えをすすめ、渋り気味の弟を急(せ)かすような態度まで見せたので、話がくつがえることはないものと、私はあきらめざるを得なかった。

　あとでわかったことだが、叔父は遠来の私のために、とくに一の宮へ参拝することを企てていたらしい。私の父とこの叔父とは、少年時代に縁故疎開で近在に一年あまり身を置いており、その折り能登の一の宮にも、多く思い出を残していた。父や自身の少年期の体験と、戦争と疎開という歴史的な事実。それを私の夏休みの学びの糧にすることが、教員である叔父にとって、ぜひとも為さねばならぬ私と父への贈りものという気持ちだったのだと、長じて酒を酌みかわすようになってから、私は叔父自身の言葉でもって知らされた。

　しかしそのようなこととはつゆ知らぬ、中学までまだすこし間のある少年の私には、楽しい海水浴を早目に打ち切らせる叔父と、私の気持ちに助けを与えてくれない年長の従兄とが、少々恨めしく思えたものである。もちろん従兄は、その日の行動について父親から固く言い含められていたのだった。

それでも何も知らない私とすれば、その場はまさに孤立無援の籠城主の心境だ。じつはこの夏休みは東京へ帰る父母や弟と別行動で、自ら望んで叔父の家に居残っていたのだが、そうしたいきさつなどとうの昔に忘れてしまい、目の前にいる叔父ばかりか何の関係もない父にまで、自分ののぞみがかなえられない腹立たしさをぶつけたい。そんなわがままな衝動でいっぱいだったことを思い出す。

帰りのディーゼルカーの中で、無口になった私を気づかってか、叔父は少しずつ戦争中の会社統合の話を教えてくれた。私の機嫌が直るのと、列車が能登一の宮の駅に到着するのと、時間的にさほど大きなブランクはなかっただろう。

駅を下りた目の前にそびえ立つ大きな白い鳥居を見て、私は圧倒された。そして父や叔父の少年時代の話にすっかり引きこまれ、目にするもののひとつとても父に報告しそびれてはならないと緊張しながら、従兄弟二人と先になったり後になったりして戯れつつ、おごそかな大社の境内にほどけた心をとけこませて行ったのだった。

とつおいつそんな思い出をたぐっているうちに、かすかに見おぼえのある風景が展開しはじめた。

左手にはすこし前から、砂丘とおぼしき小高い稜線がつづいている。その向こうはもうすでに日本海であるらしい。そして右手の山なみは、能登半島の付け根の部分で石川県と富山県を分けている宝達丘陵(ほうだつきゅうりょう)だ。丘陵というだけにさほど高くはないのだが、ずっと途切れることはなく、ゆったりと東西を隔てている。その丘陵のこちら側にひとつの頂きを見て過ぎたあたりの風景が、何とはなしに私の心の底の部分に呼びかけてくるようである。おそらくはこの界隈(かいわい)が、父と叔父の疎開していた場所なのだろう。それを私が教えられたのは、はじめての海水浴から何年かたったあと、父母や弟と輪島へ行った時のことだった。

父も叔父も、やはり戦時下に過ごした少年時代、とりわけ疎開という特殊な状況と、そこで出会った未知の風物によるいわゆるカルチャーショックというものに、深い思いを抱きつづけていたのである。だから二人とも特別に示し合わせたはずもないものを、それぞれが異なる場所で同じ昔語りを私に聞かせようとしたのだろう。

そんな父と叔父の気持ちがわかるようになったのは、やはり私自身が当時の彼らの年代に達し、当時の自分と同じ年頃の子を持つようになったためでもあるのだろうか。今は名古屋に住んでいる叔父の顔が、ふいになつかしく思い出された。下の従弟の結婚式以来、かれこれ六、七年も会っていないが、定年退職後は自宅で塾を開き、子供たちに自分の信念を伝えようと努めているらしい。

予定も制約もない旅の気ままさは、なぜだか想念を解放し、雑多な日常の中にあっては決して思いつかぬようなことまでをも、時にひらめかせてくれることがある。叔父や従兄弟たちのことをこんなに身近に思い出すのも久しぶりだし、そのとらえ方が何より日頃の大人同士、つまり現在の相貌によってでなく、すべてが未来と希望であった子供の頃の輝きのまま、心の奥に直接とびこんでくるばかりなのだ。これをなつかしさと言うだけではこと足りない。そう、命のいつくしみに触れる思いとでも、表現すればよいのだろうか。

そう言えば、これも子供の頃に聞いた話だが、能登にも昔は、トキがたくさんいたという。それを教えてくれたのは、家族で泊った輪島の宿の女将さんだった。たぶんその頃、すでに日本のトキが佐渡の保護センターの数羽のみになっていて、関心の深かった父が、折りを見て話題にしたのだと思う。

「雪の中でえさを探して、啼きながら飛んでいくトキの姿は、見なれてはいてもそれはもう、何と言いますかなあ。命のいとしさを思わされて、ほんまに胸に迫るもんでした。」

そのしみじみとした口調に、私ははじめて命の貴さというものを教えられた思いだった。

車掌の案内放送が、羽咋への到着が近いことを告げる。網棚から二泊用のバッグひとつを下ろすのみの気軽さが、何とも言えない。飲み干したビールの缶を袋にまとめ、ざっと周囲を見回してから、席を立った。

三十年ぶりで降り立った羽咋の駅に、かつての面影はうすい。その後に何度か通過した時のイメージが、少しずつ記憶を補正していることもある。それに車に乗って仕事というような往来では、同じ場所を通るのでも、旅の場合とはおのずと見え方が異なる面もあるだろう。むかし乗りかえた旧北鉄能登線のホームはあのあたりだろうかと想像する一角のおもむきに、今の私はわずかに思いを寄せるのみである。

バスの接続に余裕がないので、あまりゆっくりと駅の様子を見ているわけには行かない。今夜は市内に宿がとれたから、この駅の周辺は明日の朝にでも、ゆっくり見て回ればよいのである。たぶんその方が、多少なりとも心に触れるものを見出すことにつながるだろう。

午後の四時ちょうど、富来(とぎ)行きのバスが羽咋駅前を発車した。旧線の駅名と同じ能登一の宮まで、十分あまりである。

うしろの方の席に腰を下ろすと、私はバッグから一冊の本をとり出した。かなり古くなった文庫本で、発行は昭和五十三年のこととなっている。書名を『鶴(たづ)が音(ね)』と言い、著者は折口春洋(おりくちはるみ)。これからたずねる能登の一の宮、気多大社の元社家の生まれと書かれている。あの未練を残した雪の日に、そしてまた今日、焦がれるほどに私がこの能登の一の宮をめざしたのは、少年時代の思い出のゆえではなく、この一冊の本に引きよせられたためである。著者自身の手になるものは昭和二十年二月を限りとするこの小さな文庫本が、私にとってはいつかその出自の土地をたずねるべき、気持ちの中の道標のような本となっていた。

私がこの本と出会ったのは、ある古書店の店頭だ。はじめ私はこの著者の名を知らなかった。ただ「折口」の姓を見出して、自然に手にとっていたのである。それというのも、当時私は奥三河（愛知県）の花祭りとめぐり会い、むさぼるようにその関係のことを調べるうち、花祭りを世に知らしめたと言っていい存在の折口信夫（しのぶ）に、深く心をひかれていた。春洋の名は知らなくとも、「折口」の文字を見るだけで、私がそれを手にとるのはきわめて当然のなりゆきだった。

そしてその場で春洋という人物が、起居をともにするほどに信夫に見こまれた弟子であり、やがては子のない信夫の養嗣子となったこと、國學院の教授でありながら陸軍に応召して硫黄（いおう）島で戦死したことなどを知り、おさえがたい心のふるえをおぼえながら、すぐに買い求めて帰った一冊なのである。

はじめて気多大社にお参りした子供の時には、もちろんそんなことは知らなかったわけだから、この本を自分のものとし、読みつけない短歌に苦しみつつ一冊を読破した時、私は何としてもこの著者の生まれの地である能登の一の宮へ、行かなければならないと思ったのだ。もちろんその気持ちの底には、少年時代の記憶を強く残しているあの一の宮に、こんな人があったのかという感激が、脈々と流れていたのだろう。

それから十数年、思いを強く抱きながらもなかなか機会を持ち得なかったその場所へ、今ようやく近づいてゆく。大阪は昼凪ぎだったが、こちらはだいぶ風が出ているようだ。

やがてバスは、能登一の宮への到着をアナウンスして、ブザーを押した私のために停車した。バスを降りると、一陣の風が私の足元を吹きすぎて、低く砂ぼこりを立てて行った。

私がこの能登の一の宮、気多大社を今日ふたたびおとずれるまでに過ぎ去った時間の中で、およそ都市近郊から農山村部に至るまで、道路のありようはきわめて大きな変化を遂げた。今ではよほどの山奥か工事区間でもない限り、近距離程度のバス路線で砂利道を走るようなことはまずあり得ない。道路が舗装されると風景もまた大きく変貌するもので、バスを降りたばかりの私には、どうにも記憶の中の光景と今現在の眼前の事象とが、しっくりつながってこないのだ。それに昔の駅とバス停とでは、きっと位置も違うのだろう。

それでも大社をめざして歩き出すと、大きな地形はむろん変わっていないから、だんだんに感覚がもどってきた。何しろ三十年前のことだから、はっきりとした手応えなどはないのだが、そう言えばこの道を叔父や従兄弟たちと歩いたようだという実感は、体の中にひろがってきたように思われる。あの時は鉄道も通っていて、しかも夏休みのことでもあり、ずいぶん人通りも多かったように記憶しているが、今この道を大社に向かって歩くのは、私一人である。ときどき向こうから車がやってくるけれど、大社へお参りした人なのか、それとも地元の人の車か、それもはっきりとはわからない。

私を戸惑わせる記憶と現実との大きな落差は、それだけではなかった。今日ここに至るまで、私は大社への道をひどく長い、遠いものだと思いこんでいた。そして大社そのものも、その神域の中に何か想像もつかぬほど恐ろしく神秘的なものがひそんでいる、果て知れず深い空間であるようなイメージを、ずっと持ちつづけていたのである。だから眼前のからりとした鄙(ひな)の景色に、大社の所在がうまくマッチして来ないのだった。

しかし、どこにあろうかとあやぶんだ気多大社は、もうすぐ目と鼻の先に存在していた。大きく一つ息をしてからくぐった鳥居も、そして境内も、ここへ来るまでずっと想像していたようなものではない。その神域は、しんと静まりかえっておごそかな空気に引きしめられてはいるものの、少年期の記憶が増幅して作り上げた、深く暗い闇の森とは、似ても似つかぬものだった。むしろ神性の中に快い、やや湿り気をふくんだなつかしさをかもし出している。私は本殿にお参りしてから境内の真ん中あたりへ引き返し、両手を突き上げて伸びをしながら、大きくひとまわりして木々の梢を見回した。遅い蟬が啼いている。

ある場所をめざすこと、その思いの裏側には、かならず何かしら、自分自身と対象とを結びつける素因がある。そしていま一つ、これも何かしらめぐり合わせのような偶然を得ることで、目的への思慕は果たされるのだという思いがする。

私をこの気多へ来させたのは、折口信夫と春洋への関心にほかならない。しかし私の身のめぐりは、長い間それを果たすことを拒んできた。もちろんどうしても気多へ行くのだと思いつめれば、これまでにそれができなかったはずはないのだが、気持ちがそのように動くかどうかということまでを含めて、人生のめぐり合わせには偶然の占める割合が大きいように思うのである。今回私がまったくの偶然によってここへ来ることができたのは、どのようなめぐりの妙によるのだろうか。

私は『鵠が音』をふたたびとり出した。中ほどに年譜がある。その没年の部分には、次のように書かれている。

昭和二十年　三十八歳

三月十九日、硫黄島方面で、戦死の由、東京聯隊区司令官の名で、報告があった。だが、詳細な死所及びその月日を知ることは出来ない。米国軍隊のはじめて、島に接近した日を以て、命日と定めることにした。二月十七日である。

背筋に電流が走るような衝撃を受けた。それはまず、信夫の筆によるのであろう、簡潔にしてしかも無念さと苦衷にあふれた、堪えがたい痛みの記述のためである。

硫黄島の戦闘が、守備隊のほぼ全員が玉砕した苛酷な戦いであったこと、また死傷者の数は日本軍よりも米軍の方が多く、その勇猛ぶりが米軍側からも称えられたということなどは、知識としては知っている。しかし、遺骨もかえらず、あまつさえいつどこでどのような最後を迎えたのか、それすらもわからないとは、これほど悲惨な命の終り方が考えられようか。春洋の生まれ故郷である気多の地にあって、そこに書かれた字数の何百倍何千倍、いや無限と言ってもいいほどの、嘆き、悲しみ、いきどおり、それらの抑え切れぬ激情をあえて抑えた年譜の文章を読んだことで、私は戦争という過去の悲劇の、これまで知らなかった実相の一端にふれる思いがした。

そしていま一つは、戦死した時の春洋の年齢である。二十九歳にして國學院大学の教授となり、折口門下で独自の歌風に達した成果がこの『鵠が音』に結実する、その脂ののったまさにこれからが人生の実りの季節であっただろう春洋ゆえに、その死はあまりにも惜しい。そしてその享年は、今の私とほぼ一緒なのである。このことが、私には非常に大きな衝撃だった。

あの戦争の当時の人々と、現在の我々とでは、死生観は比較のしようもない。また二十四歳の時に志願して陸軍に入っている春洋だから、対米開戦後の召集で再び軍に入る時、相応の覚悟は持っていたことだろう。それにしても。

自分が四十を前にして思うのは、今がちょうど人生の中間地点ということだ。自分のなすべきどんなことでも、これまでに自分なりに積み上げてきたものがあり、それらをどのように発展させるか、また自分の人生がどんなふうに燃焼するのか、すべてが準備段階から仕上げの領域に、入ろうとするところである。春洋にしても、学問と短歌、いずれもが生涯学びつづけるべき性質のものだから、その充実度と将来性には、誰よりも自身がいちばん手応えを感じていたことだろう。『鵠が音』文庫版には春洋が硫黄島から信夫に送った書簡が「島の便り」として収められているが、その中にはもちろん自身の境涯について嘆くような言葉などは見られない。戦地からの便りでは当然そうしたことは書けないだろうし、もっとも頼りとする自分を帰還の見込みのうすい離島に送り出している信夫のことを思いやりこそすれ、詮ない繰り言で信夫を心配させるようなことはするまいと、つとめて気を配っている様子も読みとれる。それにおそらく春洋という人物は、己れの弱みを口に出すようなことは絶対にしない、強固な意志を持っていたのだろう(ただ硫黄の吹き出す灼熱の島で、いつ来るとも知れぬ敵軍を待つのみの、不毛にしてかつ焦眉きわまる日常の精神的な渇きについては、折り折りに訴える記述がある)。

しかしそれでも、誰にも明かさぬ胸の内には、残してきたこと、これからなすべきことへの複雑な思いが渦巻いていたに違いない。それを思うと、春洋の死は遠い先人の話でなく、身につまされる自分自身の問題として、私の胸にせまるのである。思えば今日まで私が気多をおとずれる機会を得なかったのは、春洋の三十八年の生涯を実感出来る今の年齢に達するまで、見えない何かが私を引きとめていたのではないだろうか。

感性をひらいて対象を受容するのに、必ずしも年齢や実体験は必要ない。しかし年齢相応の実感というものは、たしかにある。この旅で私が叔父や父の心境に思い至ったのもそうだろう。そして一度は読んだはずの春洋の年譜の文章に、またその享年に、言葉にならないほどの衝撃を受けたのは、やはり今の私が春洋の死の時と同年代であることが、大きな要因になっているのだ。

私は今日気多へ来たことが、偶然の所産とはいえ見えない大きなめぐり合わせに、確実にみちびかれた結果なのだと考える。大事なものとの邂逅は、それがもっとも強い光を発する時に出会うよう、用意されているものなのだ。そのようにならないことがらは、たぶん本当に必要とはしていないか、対象自体の持つ輝きそのものが弱いのだろう。春洋という存在との真の出会いが今日気多で得られたことに、とめどない愛惜と感謝の思いを持った。日が西に傾き出していた。

春洋の生涯と折口父子への深い思いを胸に、気多大社を出る。海の方へ下ったところに、二人の墓所があるというから、これはぜひとも見て帰らなければならない。夕暮れ時の海に向かって、社務所で教わった通りに歩いてゆくと、信夫の自筆であるという父子の墓碑は、すぐ見つかった。ほぼ正方形に近い白っぽい石の墓碑で、「折口父子の墓」と書かれた白木の標柱が添えてある。そして信夫が、おそらく腸(はらわた)をかきむしられるような思いでしたためた銘文には、こう書いてある。

もつとも苦しき
　たゝかひに
最くるしみ
　死にたる
むかしの陸軍中尉
折口春洋
　ならびにその
父　信夫
　の墓

五行目までは、墓碑が古びた現在ではちょっと読みとりにくいほど、意識して崩した字で書いてあるが、「折口春洋」と「父　信夫」の二行だけは彫りの深い楷書で、そこだけがくっきりと浮き立つように記されている。

私は両手を合わせ、頭を垂れた。この銘文の記し方からは、何よりもまず春洋のために、という思いがせつせつと伝わるし、並立するように「父　信夫」と記した心情は、苛烈をきわめた戦いで苦しみながら一人死んで行ったわが子に対し、せめてもここで寄り添ってやろうという、痛切な親としての愛情なのだろう。

折口信夫という人は、生涯結婚することがなく、身の回りの世話は家事のための婆やゆかりのある女性などが手伝いに入るほか、いつもかならず信頼のおける弟子が同居して、心を配っていたのだという。春洋が二十一歳で同居するようになってからは、信夫の心の支えはつねに春洋だったのだろう。硫黄島への出陣前から、信夫は春洋の生家をおとずれ、養嗣子として縁組みするよう相談をしていたらしい。そして実際に養子縁組が成立して春洋が折口姓となったのは、すでに彼が硫黄島の守りについた後だった。旧姓を藤井と言う。

結婚をすることがなく、従って当然子供もいなかった信夫には、唯一家族として心を許すことができ、その愛を注ぐことのできた存在が春洋だったのだ。その春洋を戦争という不条理に奪われ、しかもその死に場所が、戦闘に至る前から灼熱と非文化の不毛に苦しんで、敵軍との会戦後は地下壕にこもっての徹底抗戦の上全員玉砕という、「もっとも苦しきたゝかひ」の場であったのだから、信夫の嘆き、怒り、苦しみがいかばかりだったことか、それは私のように戦争を知らない世代の人間にも、推しはかることはむずかしくない。

波の音が聞こえる。私はいま一度頭を垂れると踵を返して、海べに出るための道をさがした。空は少々曇りがちだが、夕陽が水平線の向こうに沈みかける頃合いだ。春洋の故郷であり、そして気多大社を背後にひかえたこの場所を、信夫は父子としての墓所に選んだ。それは春洋の魂を生まれの場所に鎮めてやるためのことであり、その春洋のかたわらにいずれは自分も眠りたいという、愛の所作だろう。人が人を思う心はいつの時代も不変であり、時にそれが純粋であればあるほどに、思いもかけぬ別れの結末が待ち受けていることもある。春洋の「島の便り」には、毎回かならず信夫の身辺と健康を気づかう言葉が書かれている。そして信夫は、きっと春洋の安否を気づかい身もだえしながら、春洋を養嗣子として入籍するための手続きに走り回った。おそらく再び会うことのできぬ春洋にしてやれる、せめてもの愛情の表現として。のがれ得ぬ運命(さだめ)の前に苦悶する愛の姿は、どんな時でもこの上なく美しく、そして限りなく悲しい。

愚痴蒙昧(グチモウマイ)の民として　我を哭かしめよ。あまりに惨(ムゴ)く　死にしわが子ぞ　釈　迢空

釈　迢空は折口信夫の、歌人としての名前である。学者としても歌人としても比類のない境地を切り開いた迢空折口信夫ゆえ、その理性は冷厳なる現実を直視しつつ、なお「愚痴蒙昧の民として」哭くことを許さない。哭くことができないからこそ、「哭かしめよ」と歌うのだ。たぶん短歌的に見るならば、迢空がこれほどストレートな言葉と激烈な調子を用いたこと自体、特異なことなのだろう。しかし私には、立場も理性もかなぐり捨てて、身も世もないと嘆き悲しみ、わめき散らすこと

ができたらどんなにいいだろう、と苦しむ彼の姿に、己れの築き上げたものゆえに新たな苦しみを抱えこむ、皮肉な知識人の悲劇が透けて見える。籍を入れても、墓碑を建てても、彼の苦しみは少しも癒やされなかったことだろう。そして春洋の生前に何とか信夫が出版しようとした歌集『鵠が音』は、戦争末期の物資欠乏やその他諸々の事情のため、戦後になってもなかなか日の目を見ることがなく、ついに信夫の存命中に、出来（しゅったい）にこぎつけることはできなかったという。私を気多へ連れてきた『鵠が音』は、それほどにつらく悲しい折口父子の、心の結晶だったのだ。

文庫版『鵠が音』の解説に、信夫のもとに最後に寄り添った岡野弘彦が書いている。

『鵠が音』という名前も迢空がつけた。古代人が、遠い世界から来訪する威力ある魂の運搬者、あるいは魂のシンボルとして仰いだ白鳥や鶴の鳴き声、それが『鵠が音』である。遙かな南の島の守りについたわが子の上にかける思いが、その歌集の名に託されている。・・・」

私の目の前には、夕暮れの日本海が広がっている。遠い硫黄島の春洋を思う信夫の目に、この海はその南海へつながるものと映っただろうか。そして春洋をうしなったあと、一人この海を眺めたであろう信夫の心に、かつて春洋と二人連れ立って過ごした日々の思い出は、いかばかり輝きと悔いとに満ちて去来したことだろう。

遠くで鳥の声がした。姿は見えない。海をわたってゆくのだろうか。

海岸線には、ずっと松林がつづいている。その松の梢を吹きたわめ、海からの風が絶えることとなく吹き寄せては、ザワザワと音を立てて胸さわぎをかきたてる。規則的な波の音が風の音とひびき合い、うらさびしい初秋の夕暮れのノクターンを奏でている。

魂の運搬者である鳥の声、折口父子の悲しい「鵠が音」は、みずからの魂を願う場所へと運び得ただろうか。日本海と太平洋は、一目見るだけで明らかなほどに、その様相をたがえている。西に向くこの気多の浜からは、春洋の散った南の島は、あまりにも遠い別世界のように思えてならない。それでも父と子の魂の交感は、互いが互いを思う気持ちの純粋さゆえ、この気多の海で永遠の契りとして果たされているのだろうか。

長い間私を呼んでいたのは、きっとこの気多の海にいつも悲しく啼きかわされている、気高いひそかな「鵠が音」だったのだろう。それは私の魂の奥底に、魂と魂の呼び合う場所を知らせる遠い世からの声だった。今その場所をたずねてきて、やっと一つ、荷を下ろすことができたような思いがする。そしてそのかわりに、また一つ新しい荷を負ったのも、折口信夫と春洋という二人の大きな存在から、得がたいものを受けとった対価と思えば当然のことである。今日この気多で感じとったすべてのことが、私にはずっと忘れ得ぬ命のよりどころとなってゆくことだろう。

子供が一人、犬を連れて歩いて行った。もうじき夕飯時である。しずかな気多の海岸に、平和な時間が充足している。私も明日、妻や子がいて仕事に追われる日常へ、もどってゆこう。そんな当たり前の日常が保証されている幸いを、幸いとして十分に受けとめながら。

たそがれの海から吹く風が、私に潮の香りをまとわせてゆく。気多の浜辺の宵風に、いつまでも吹かれていたい気持ちだった。

（注　ウィキペディアによると、七尾‐和倉温泉間はＪＲ西日本が第一種鉄道事業者、のと鉄道が第二種鉄道事業者で、特急はＪＲ西日本が、普通列車はのと鉄道が運行している。また「サンダーバード」は、三輛が富山行き、六輛が和倉温泉行きだった時期がある。

終

〈参考文献・資料〉

『鵠が音』　折口春洋　著／中公文庫　昭和五十三年八月一日
『鉄道廃線跡を歩くⅤ』　宮脇俊三　編著／ＪＴＢキャンブックス　平成十年
新潮日本文学アルバム『折口信夫』昭和六十年／新潮社
『ＪＴＢ時刻表』平成十二年七月号／ＪＴＢ

能登に捧げる頌（オード）

能登に捧げる頌(オード)

本書の執筆順の前半、「急行『霧島』をヨンサントオの時刻表でたどる」を書いていたことし（令和六年／二〇二四年）元日の夕刻、東京都内でも強い揺れを感じ、私は反射的に十三年前の東北地方太平洋沖地震（東日本大震災）を思い出しました。ほどなくネットニュースで震源と主な被災地が能登であるとわかったのですが、マグニチュード七・六、輪島市と志賀町で震度七を観測した令和六年能登半島地震でした（輪島市門前町の震度七は、一月二五日に発表されました）。二百人以上の方が亡くなられ、負傷者が千五百人以上に及んでいます。各地で津波の被害も出た上、珠洲(すず)市や輪島市などは市内の大半の家屋が全半壊と伝えられ、あまつさえ半島各地で上下水道が長期間にわたって復旧されず、物資の配達も滞りがちになるなど、深甚な被害状況となりました。衷心より、この令和六年能登半島地震でお亡くなりになった方々をお悔やみ申し上げ、今なお避難生活を送られ、日常生活の再建途上におられる皆様にお見舞いを申し上げます。

本書の各章に書いた通り、私は若い頃から汽車で全国各地を旅して来ました。三十二歳の時に、国内の全都道府県に足跡を記しています。能登には出張を含めて計四回、足を運びました。そして忘れられない旅の恵みを享受しましたが、いっぽうで大きな悔いも残しています。今回、北陸地方に言及する本書を出版するにあたり、能登についてふれずに通り過ぎることはできませんので、個人の記憶と思いを綴るだけのことではありますが、能登という土地に対する頌(オード)とさせていただきます。

はじめて能登に行ったのは、昭和五六（一九八一）年、大学一年の夏休みの、所属していた大学の釣友会の夏合宿でした。各章に記した通り、上野から長岡経由の急行「能登」で朝、金沢に着き、それから七尾線の急行「能登路1号」で七尾まで行って、能登島に泊まりました。能登島大橋ができる前です。フェリーで能登島へ行った経験をしたことと、砂浜で遠い青春の思いにひたっていたことぐらいしか、覚えていませんが、金沢駅の0A番線、0B番線を利用したのもこの時であり、鉄道乗車歴としても記念すべき旅でした。

その次は会社の出張で、昭和六三（一九八八）年の四月です。転職したばかりの出版社で、四月の終わりに「在庫調査」という仕事があり、石川県内のたくさんの書店さんを車で回りました。千里浜なぎさドライブウェイに感激し、また門前町（現輪島市）の書店さんまで行って、そのあと大本山総持寺祖院に参拝、その規模の大きさに度肝を抜かれました。後年JTBキャンブックスの『鉄道廃線跡を歩く』シリーズが出て、V巻まで買いましたが、そのV巻に北陸鉄道能登線が取り上げられていて、羽咋から海岸沿いに延びていた線を国鉄から乗り入れの蒸機牽引の列車が走っていたと知って、感銘を受けたものです（紀行小説「気多の宵風」のモチーフのひとつとなりました）。

そして、短歌を学ぶ者にとって、はるかにそびえる単独峰の巨峰、釈　迢空（折口信夫）について知るうちに、彼が養嗣子とした春洋が羽咋の出身であり、迢空が親子の墓碑を市内にある気多大社に建立したのだということがわかると、矢も楯もたまらなくなり、羽咋からバスに乗って、気多大社をたずねました。その詳細は「気多の宵風」に書いた通りですが（同作品は「紀行文」ではなく、フィクションをまじえた「紀行小説」です）、お参りをしてから海辺に出て、日本海を眺めていると、春洋の遺歌集の題名の『鵠が音』が、遠くどこまでも啼き交わされているように感じられました。たぶん私がたずねたのは平成二（一九九〇）年のことだったと思われます。

さらに、能登を訪れた四度目は、平成七（一九九五）年のことです。その年の夏に名古屋から東京へ戻ることになり、近くにいるうちに、と、一日有休を取って金・土・日の二泊三日で、高山本線の「ひだ」を使ってまず富山に出、大学時代の先輩と会って飲みました。そして富山を朝発って金沢へ行き、夜は「さらば北陸本線」の章でも登場していただいた先輩Yさんと飲んだのですが、当日朝特急で金沢に着いた後は、やはり急行「能登路1号」で七尾線の車上の客となり、この時は終点の輪島まで行きました。折り返しの列車の都合であまりゆっくりはできませんでしたが、朝市を歩き、朝からやっていた小料理屋さんに入って一杯やりました。この時はじめて、「いしる」をつかった「いしる鍋」をいただき、その土地の妙味を深く心にきざんだものです。

令和六年能登半島地震では、輪島の朝市通りが大火にのまれたという映像を目にして、言葉を失いました。あの時のお店も、火災に巻きこまれたのだろうか、どうかご無事で、と思うにつけても、画面から伝わる様子は深刻で、言葉を奪います。言葉と言えば、このような本でいかに言葉を尽くしたとて、その及ぶところは狭いのですが、いっぽうで、「言葉の持つ力」を信じ、それを子どもたちの将来、またこの国の未来に資するものにしようというなりわいゆえに、微力といえども語るべきことは語らねばという信念から、綴らせていただく次第です。

ここまで述べたのが、私が過去に能登を訪れ、身に享けた恵みですが、今もって、いや永遠にとり戻すことのできない「悔い」は、ほかにあります。それは三度目の能登行の年の夏、ほんとうは夏の旅で能登に、しかも珠洲まで行って禄剛崎（ろっこうさき）をたずねようと、八割方決めていたのに、見送ってしまったことがあったのです。

今思い返しても、それはまあ二十七歳の会社勤めで、やむを得ないことだったのかなとは思うのですが、夏の定期人事異動で名古屋への転勤の辞令が下り、その衝撃をやわらげるため、またちょうど大学時代の後輩から「松山へ遊びに来て下さい」との誘いがあったことと連動して、行き先を禄剛崎から足摺岬（あしずりみさき）へと、変更してしまったのでした。

そのことがとり戻すことのできない悔いとなったのは、しばらく経ってからです。行きそびれた能登のうち輪島までは、朝市だけのとんぼ帰りでしたが、前述の通りその五年後に行きました。あとは蛸島（たこじま）（旧国鉄・JR・のと鉄道能登線の終着駅）と禄剛崎だ、と考えたのが、あるいはいけなかったのかも知れません。いつか行こう、と思っていると、対象によっては「満を持して実行しよう」などと考えてしまうことがあります。珠洲および禄剛崎についてははっきりそう考えたのを記憶しているわけではないのですが、平成一七（二〇〇五）年に、のと鉄道能登線穴水‐蛸島間が廃止されてしまったため、「満を持して行こう」どころか、能登線の蛸島駅と珠洲市に鉄路を用いて行くことは、永遠に果たされない望みとなってしまいました。そもそも蛸島へ行こうと思い立ったのも、国鉄時代の昭和六一（一九八六）年に南紀の潮岬（しおのみさき）をたずね、「次はどこの岬に行こうか」と考えての候補地選定だったはずですから、その時点から考えれば、国鉄民営化の一年後、昭和六三（一九八八）年三月にJR西日本の能登線が第三セクターのと鉄道能登線に転換された時点で、最初の悔いがあったのです（ただその時は、ちょうど転職する端境の時でしたから、実際に行動するにはむずかしい状況でした）。

そしてまた、令和六年能登半島地震では、その時珠洲をたずねていれば必ず行っていたであろう見附島（軍艦島）が、大きく崩落してしまったことが伝えられました。奥能登への旅を考える時、シンボルのように各種資料を飾っていた見附島です。「軍艦島」とも呼ばれるあの先鋭な島の姿を、天然の実景としてはもう見ることができない。これも大変大きな悔いであります。

ただ、悔いは悔いとして、本書は過ぎた日をしのぶだけの営みはすまい、ということを、私の生きる道として問うております。本書の各章で各地の第三セクター鉄道のことにふれさせていただきましたが、のと鉄道に関してはこの章まで、言及する機会が得られませんでした。前述の、輪島でいしる鍋をいただいた時は、もう七尾‐輪島間ものと鉄道になっていましたから、一度は乗車していますが、乗ったのはその時限りです。平成一七（二〇〇五）年以降、七尾‐穴水間となっているのと鉄道の安否を、令和六年能登半島地震のあと大いに心配し、四月六日の運転再開の知らせは、ほんとうにうれしく受けとめました。

令和六年能登半島地震で自社も大きな被害を受けたであろうのと鉄道ですが、被災された能登の方々の復旧に向けた大きな希望として、その存在は非常に大きなものとなっていることでしょう。どうかこのあとも苦境を乗り越え末長く運行をつづけていただけるよう、切に願うものであります、また本書に収載した「紀行小説　気多の宵風」は、本書自体が鉄道紀行の本であることからすこし掲載について悩んだのですが、昨年中に、能登への私の姿勢を明らかにするため、載せることを決めておりました。現在ではそうしておいてよかったと思いますし、同作品も能登への頌（オード）の一つとして、お読みいただければ幸甚に存じます。

そして最後に、平成二（一九九〇）年、二十七歳の時に気多大社近くの海辺で詠んだ短歌を掲げさせていただきます。三十一音の短歌では、言葉を多く費やすことはありません。歌に書いてあることがすべてであり、もって私の能登に捧げる頌（オード）と致します。

かへらざるもののひかりをとどめつつ波たちさわぐ気多の夕暮れ

添ひ添はず海をわたりしもろ人のこゑのせて吹き寄する宵風

歌集『予後』（一九九一年六月　所収）

６８１系「サンダーバード７号」敦賀駅

米原から乗って来た５２１系電車　敦賀駅

小浜線の１２５系回送電車　敦賀駅（発車後）

ＪＲ西日本のラッセル車　今庄駅。２０２３．１１．２６

鯖江駅に到着する６８１系「しらさぎ５号」

「しらさぎ１２号」列車名・行先表示　金沢駅

金沢駅前・鼓門（つづみもん）２０２３．１１．２６

４８５系特急「雷鳥」南今庄駅付近＜写真：石井剛樹＞

特急「北陸」と急行「能登」　金沢駅＜写真：石井剛樹＞

「あさま」号・ＥＦ６３切り離し　横川駅

ＥＦ６３形電気機関車とあさま編成

ＥＦ３０形電気機関車＜写真：碓氷峠鉄道文化むら＞

上りループ線から見た下り線

鳩原ループ線から見える敦賀市街と敦賀湾

京都駅７番線を発車する６８３系「サンダーバード３０号」

口絵ページ等写真解説　※写真提供者〈提供元〉の記述がないものは著者撮影

表見返し　敦賀駅手前のシーサスクロッシングと配線の妙

敦賀駅に入る最後のカーブの手前。左へ入ってゆくと小浜線の1・2番線につながっている。

3ページ　田村 - 坂田間　旧デッドセクション付近

平成三（一九九一）年九月までは、このあたりから手前が直流区間、向こうが交流区間だったため、新快速など阪神方面からの直通電車は、すべて米原どまりとなっていた。

4ページ上　近江塩津駅手前　近づいて来る湖西線

1237Mの車窓から。左端に見える鉄橋の向こう側（山科寄り）に、敦賀直流化前の湖西線のデッドセクションがあった。このあとトンネルをぬけて、近江塩津駅で合流する。

4ページ下　新疋田駅

昭和三二（一九五七）年一〇月、木ノ本 - 敦賀間の新線開通に伴い開業。旧疋田駅は柳ケ瀬線となった旧線側に所在しており、昭和三八（一九六三）年一〇月の鳩原ループ線開通の際柳ケ瀬線とともに休止→廃止となった。新疋田駅の位置は、ループ線が下りて来て下り線（在来線）と合流しおおせた位置であると思われる。中線は上り方向の通過線。

5ページ上　金沢から来た「サンダーバード12号」と新幹線駅（敦賀駅）

サンダーバード12号は、大阪方の先頭車は貫通型、金沢方の先頭車は非貫通流線型という標準的な編成だった。列車の上方に通路が見えるが、新幹線駅への連絡口はまだ塞がれていた。二〇二三年二月二六日。

5ページ下　今庄駅から敦賀方面を見る。左は給水塔と給炭台

今庄駅2・3番ホーム南今庄寄りから、現在の敦賀方面、旧線の山中・杉津方面を見る。「峠に挑む」雰囲気にあふれた駅だったのだろう。蒸機時代をしのばせる給水塔、給炭台は、遺構として保存を望む声が大変多い。

6ページ上　今庄まちなみ情報館ジオラマ

全盛期の今庄駅を、Oゲージの迫力あるジオラマで再現してくれている。

6ページ下　今庄まちなみ情報館パネル〈今庄 - 敦賀間は北陸本線最大の難所〉

パネル右上の説明文「今庄 - 敦賀間は、険しい山々が続くうえ、線路が曲がりくねっていました。さらに当時の鉄道設計で限界といわれた1000分の25の急勾配が連続し、冬は雪崩の危険も多く、北陸の中で最も過酷な路線でした。」

7ページ上　今庄まちなみ情報館パネル〈「街道の時代」から「鉄道の時代」へ〉

奈良時代の北陸道、旧北陸本線、現北陸本線、北陸自動車道など、敦賀 - 今庄間の道筋の歴史を、山の険しさがよくわかる立体的な地図の上にあらわしてくれている。

7ページ下　今庄まちなみ情報館パネル〈すべての列車が今庄に停車〉

パネル中央上部の説明文「今庄駅からの上りは急勾配のため、後押しする蒸気機関車（補機）を連結しなければならず、今庄駅からの下りは、逆に機関車を取り外さなければなりませんでした。そのため、すべての列車は今庄駅に5~6分停車しました。」

8ページ上　旧線・杉津付近〈写真：小川峯生〉

旧北陸本線の絶景として著名なアングルの名所をゆく、DF50牽引の客車列車。

8ページ下　杉津駅信号表示盤〈写真：小川峯生〉

画面上部の窓のところに下がっているボードに「杉津駅信号表示盤」、その左下側に「確認」の文字が見える。貴重な写真である。

9ページ上　DD50重連＋D51の貨物列車　杉津駅〈写真：小川峯生〉

D51は「デゴイチ」としてもっとも人口に膾炙（かいしゃ）したSLだが、北陸本線旧線区間の代名詞となるほど活躍したようである。またDD50、DF50の写真をよく見るのも北陸本線の印象がある。

9ページ下　E10形蒸気機関車　米原駅〈写真：野口昭雄〉

E10は、「急行『霧島』をヨンサントオの時刻表でたどる」にも書いた通り、当初は奥羽本線板谷峠専用の補機として開発・製造され、その必要上逆行運転（バック運転）を定位とする特殊な構造だった。しかし板谷峠はE10製造前から電化が決まっていたため本来の持ち場で働く期間は短く、肥薩線矢立（やたて）峠を経て北陸本線倶利伽羅（くりから）峠の補機に転じることとなった。この時に通常の運転方向に変更する改造が施されたという。さらに、北陸本線米原 - 田村間は直流・交流の違いのため非電化区間のままとされていた時期があり、その米原 - 田村間を最後の活躍の舞台とした。写真はバック運転中とみられ、機関車の（通常の前向きで）右側の運転台に、機関士が逆行向きで進行方向を見ている姿が映っているが、この運転台の位置が、Ｅ10の当初からの設計だったようだ。なお米原 - 田村間の往復では、バック運転が容易なため方向転換不要なことから、ピストン輸送で活躍したという。上を通っているのは東海道線上り線であろうか。

10ページ上　ＤＦ50＋蒸機　今庄駅〈写真：野口昭雄〉

９ページのＤＤ50は、出力が弱いため重連運転を前提として、片運転台で製作されたらしい（そのため背中合わせの重連でワンセット）。その点このＤＦ50は、単機で幹線での運用もできるように設計されたが、いま一つ出力不足で、後から登場するＤＤ51はもとより、Ｄ51よりも出力は劣ったという。過渡期の機関車の宿命である。この頃は、今庄駅の機関庫が健在である。

10ページ下　今庄駅に残る給水塔と給炭台　二〇二三年一一月二六日

峠越えのための補機を欠かさず連結した旧線時代、蒸機の命である石炭と水を供給した給水塔と給炭台。

中扉　17ページ　さらば北陸本線　今庄駅に残る給水塔　二〇二三年一一月二六日

中扉　71ページ　そして揖斐川〜「しらさぎ」との出会い　糸魚川駅へ入る583系急行「きたぐに」

中扉　81ページ　碓氷峠を越えた「白山」、「能登」　しなの鉄道移管後の軽井沢駅と、しなの鉄道115系電車。

中扉　91ページ　小説　鉄の軋み　ＥＤ42・1号機

中扉117ページ　さらば急行「能登」　上野駅、発車前の特急「北陸」、EF64・1031号機
中扉157ページ　小説　ひそかなる雪の形見　北アルプス、南小谷‐信濃森上間の車中より
中扉181ページ　遺構　中央東線の旧立場川橋梁　二〇二二年五月一五日
中扉195ページ　急行「霧島」をヨンサントオの時刻表でたどる　鹿児島本線鳥栖駅　二〇二二年三月一〇日
中扉237ページ　紀行小説　気多の宵風　気多大社〈フリー素材〉
中扉257ページ　能登に捧げる頌（オード）　鯉のぼりがそよぐ千里浜（ちりはま）〈フリー素材〉

265ページ　681系『サンダーバード7号』敦賀駅
めずらしい、大阪方の先頭車が流線型である681系。この日出会ったのはこの一編成のみだった。

266ページ上　米原から乗って来た521系電車　敦賀駅
米原発八時三〇分で九時一七分に敦賀に到着した5135M列車。切り欠きの5番線に回送となって停車中。

266ページ下　小浜線の125系回送電車　敦賀駅（発車後）
小浜線の回送である125系電車。三輛編成だ。かつて小浜線に乗った時はいずれも気動車列車で、三回のうち一回は急行「わかさ」だった。

267ページ上　JR西日本のラッセル車　今庄駅。二〇二三年一一月二六日
一〇時五八分の1239Mを待つベンチから撮影。ラッセル車には「JR西日本」と書かれているが、所属はど

うなったのだろう。

267ページ下　鯖江駅に到着する681系「しらさぎ5号」

米原以降、はじめて着席する列車がやって来た。681系電車も前照灯「三灯」をかがやかせているのが頼もしい。

268ページ上　「しらさぎ12号」列車名・行先表示　金沢駅

著者の「名古屋愛」は各章に述べている通りだが、金沢ではもうこの「しらさぎ　名古屋行き」を見ることがない。

268ページ下　金沢駅前・鼓門（つづみもん）　二〇二三年一一月二六日

現在の金沢駅前のシンボルはこの門であろうか。

269ページ上　485系特急「雷鳥」南今庄駅付近〈写真：石井剛樹〉

かつて大阪から金沢、富山、さらには新潟までも結んでいた名特急「雷鳥」。各章でふれている、夕方の特急で大阪へ帰るサラリーマンが一杯やってから駆け込んでいたのは、主にこの「雷鳥」だった。

269ページ下　特急「北陸」と急行「能登」　金沢駅〈写真：石井剛樹〉

高架化後の金沢駅。「北陸」が先着し、あとから「能登」が着いたのだろう。「そして揖斐川～『しらさぎ』との出会い」で述べている「しらさぎ」の485系ボンネット型の前照灯「三灯」は、まさにこの通りのスタイルであった。

270ページ上　「あさま」号・ＥＦ63切り離し　横川駅

横川駅での切り離し。本文中にも書いたが、横川では切り離しをする上り列車が三分停車、連結する下り列車が四分停車で、軽井沢ではちょうどその逆だった。

270ページ下　ＥＦ63形電気機関車とあさま編成

ＥＦ63重連2編成と189系車輌が留置されている場所は、現在は碓氷峠鉄道文化むらの屋外展示場・ビュウ広場となっている場所である。半年後に廃線が決まっている時期だから、写っている車輌はすでに退役の準備段階だったのかも知れない。

271ページ上　ＥＦ30形電気機関車〈写真ご提供：碓氷峠鉄道文化むら〉

本州（下関）から九州（門司）へわたる関門トンネル専用に開発・製造され、同一区間・同一用途だけで一生を終えた稀有な機関車。全面ステンレスのため銀色の外見が特徴的だった。右側の青い電気機関車はＥＦ58

・172号機。「急行『霧島』をヨンサントオの時刻表でたどる」ご参照。

271ページ下　上りループ線から見た下り線

下り線からは、上を通り越していく上り線のループ線はあっという間にその下をくぐり抜けるだけで、列車が通っていなければどうかすると見落としてしまうが、ループ線側からは、注意していればこのように下り線の様子が十分見てとれる。

272ページ上　鳩原ループ線から見える敦賀市街と敦賀湾

上り列車左側の車窓から、ちょうどループを半周した頃、このように敦賀市街と敦賀湾が望まれる。画面下部、右側の木立の影から左下の民家の裏手へ伸びているのは、ＪＲ小浜線である。

272ページ下　京都駅7番線を発車する683系「サンダーバード30号」

金沢を出てから途中福井にしか停まらないノンストップ特急「サンダーバード30号」は、定刻通りに京都駅に到着し、発車した。この日、一一月二六日日曜日夕方の京都駅新幹線のりばは、連休かと思うほどに混雑していた。

裏見返し　敦賀駅を出ていく大阪行きサンダーバード12号

これから本格的な取材をはじめる朝の敦賀駅で見送った「サンダーバード12号」。

カバー及び表紙　今庄駅を去るサンダーバード9号

二〇二三年一一月二六日、今庄駅にて撮影。本文四四ページご参照。

参考文献・資料等

国鉄全線各駅停車⑦北陸・山陰５１０駅　宮脇俊三／原田勝正　小学館　昭和59年1月30日
国鉄全線各駅停車⑥中央・上信越４４０駅　宮脇俊三／原田勝正　小学館　昭和58年10月20日
国鉄全線各駅停車⑤東海道３６０駅　宮脇俊三／原田勝正　小学館　昭和58年4月20日
国鉄全線各駅停車⑩九州７２０駅　宮脇俊三／原田勝正　小学館　昭和58年6月20日
ＪＴＢのＭＯＯＫ　時刻表復刻版１９６８年10月号　ＪＴＢパブリッシング　2021年11月1日初版発行
交通公社・ＪＴＢ時刻表　１９６４年９月号以降の各号　ＪＴＢパブリッシング
鉄道ファン２０２３年４月号　交友社　令和５年４月１日発行
鉄道ファン２００４年５月号　交友社　平成16年５月１日発行
鉄道ファン１９６９年９月号　交友社　昭和44年９月１日発行
碓氷峠　ロクサン惜別の旋律　斉木実／米屋浩二著　弘済出版社　１９９７年８月１日

写真集『草軽電鉄の詩』　郷土出版社　１９９５年
鉄道廃線跡を歩くⅡ　宮脇俊三編集　ＪＴＢキャンブックス　１９９６年８月１日
鉄道廃線跡を歩くⅤ　宮脇俊三編集　ＪＴＢキャンブックス　１９９８年５月１日
時刻表２万キロ　宮脇俊三著　河出書房新社　１９７９年10月30日　十七版発行
機関車大将　相良俊輔著　朝日ソノラマ　昭和44年６月25日初版発行
追憶の汽車　電車　高田隆雄著　鉄道友の会編集　交友社　平成１０年２月２０日発行
ノスタルジックトレインNo・３　芸文社　２００９年11月10日発行
小説　碓氷峠　小田原漂情著　画文堂　平成12年２月７日発行
遠い道、並に灰田先生　小田原漂情著　画文堂　平成４年10月26日発行
碓氷峠鉄道文化むらホームページ
南越前町ホームページ
今庄まちなみ資料館展示資料ほか
南宮大社ホームページ　※折り返しのお電話も頂戴しました

（米原‐敦賀）前面展望「北陸本線」「５２１系」［字幕］［４Ｋ］ｅＥＮＡＧＡ

今庄駅を通過する特急サンダーバード　ｋｎｏ３１９ｘｍ

ウィキペディア各項目

グーグルマップ　各地

ほか、北陸本線及び本書で取り扱う項目についてふれて下さっている各サイト。報道関係のサイトや文学書等に拠ったものは、本文または各章末尾に明記しました。

鉄道で旅をする時、何とも言えず落ち着いて、なおかつ一方でこの上なく解放された、自由な精神を感じます。十七歳、高校三年の夏休みに、一人で急行「アルプス1号・こまがね1号」に乗って甲府へ行った、はじめての一人旅の時からそうでした。まもなく四十四年になります。

その時甲府に行ったのは、幼少時、家の近くを中央本線が通っており、三鷹までの複々線化と高架化の工事を見て育ったことに遠因があるのでしょう。うっすらと、盛土の旧線の上に高架線ができつつあった光景を覚えています。

そのせいか若い頃から、失われていく鉄路や列車に、こよない哀惜と親しみとを感じていました。長じて散文を書くようになってから、旅のつれづれの記、すなわち紀行文が主体になりましたが、時には鉄道がテーマの文章を書くこともありました。きちんと残っている中でもっとも古いものが本書に掲載した「遺構」です。単行本にも一度載せた文章ではありますが、本書のテーマにおいては不可欠かつ不可分の内容ですから、収めさせていただきました。前著の刊行から三十年以上経っていますから、ふたたびお読み下さる方々にはおゆるしいただけるかと思いますが、文中に軽率な表現があることに関しては、改めてお詫び申し上げる次第です。

作品中に書いた通り、北陸新幹線敦賀開業が北陸本線の終焉につながることを示唆して下さったのは、短歌人会の大先輩である西王燦氏です。氏のお教えとお心に報いるべく、本書を企画、執筆し、刊行させていただきました。

制作段階を終えて感じるのは、氏の透徹したものの見方が、独特のシニカルな表現で自己韜晦を怠らぬ中でも、われわれ若い者（？）をゆったりつつんでくれていたのではないかということです。氏の遺して下さった連句会の末席を私も汚しておりますし、氏に献じる一冊がこうして形になることを喜んでいただければ、わずかながらのご恩返しになるのではないか、どうか泉下の氏に本書が届きますように、と願うことしきりであります。

本書はまた、旅と鉄道を愛し、長年お世話になったみなさまのお力、ご縁のおかげでできあがったものでもあります。序文をいただいた畑中省吾さんは、『小説　碓氷峠』を目にとめて下さり、「ノスタルジック　トレイン」誌に、「鉄の軋み」を執筆する機会を与えて下さいました。言問学舎を創業して以来、塾の実務と経営に追われて強いられた長い休筆期間から明けたばかりだった私にとって、この上ない恵みでありましたし、旅の世界も、文章の世界も大きく広がるきっかけとなりました。「さらば急行『能登』」を言問学舎ホームページで連載した時は、毎回お目通し下さった上、大変貴重なご助言を頂戴しました。また今回の本づくりについてご報告すると、さっそく小川峯生様の写真作品をご紹介下さり、小川様にお話を通して下さったのです。

その小川様には、今回北陸本線旧線の、日本海をバックにした杉津付近の写真など大変貴重な作品をお借りしたほか、「鉄の軌み」の電子書籍版を発行した時にも（二〇一四年）、ロクサンが「あさま」を押しとどめて峠を下りて来たところの大変貴重な作品を使わせていただいております。この場で改めて、深くお礼を申し上げたいと思います。

そして、「ノスタルジック トレイン」の編集プロダクションであったヴィトゲンシュタイン社の高橋 通社長が、奇しくも小学館の『国鉄全線各駅停車』の制作を取り仕切った方であられたことから、本書二九ページの非常に貴重な図版（木ノ本‐今庄間線路変更略図）を掲載することができました。高橋社長がそのお仕事をなさっていたことをお聞きしたのは、「ノスタルジック トレイン」の打ち合わせでヴィトゲンシュタイン社にお邪魔した時でした。すべてがそこから現在につながっていることを、高橋社長、畑中さんへの感謝とともに、今しみじみと感じております。

また今庄まちなみ情報館の取材は現場のみなさん、南越前町役場のご担当者にも快く受け入れていただき、撮影した写真の掲載にも許諾をいただきました。「急行『霧島』をヨンサントオの時刻表でたどる」は、文章自体が「ＪＴＢのＭＯＯＫ　復刻版時刻表１９６８年１０月号」なくして成り立たなかった上、「霧島」「高千穂」の該当部分の使用許諾も頂戴することができました。

ＪＴＢパブリッシングのご担当者にも大変お世話になりましたし、『国鉄全線各駅停車』からの図版転載の許諾についても、小学館のご担当者を大変わずらわせました。お世話になったすべての方に。いま一度、あつくお礼を申し上げます。

急行「霧島」に乗ったのが昭和四四（一九六九）年の夏ですから、今年で五十五年になります。いま一つ感謝すべきは、その間、いや鉄道開通以来の長きにわたって、鉄道をつくり、動かしつづけて来て下さった、そのほとんどはお顔もお名前も存じ上げない、多くの先人たちに対してでしょう。その残して下さったものを顕彰し、守るための営みを、それこそ微力ではありますが、つづけていきたいと思います。本書では『時刻表２万キロ』の宮脇俊三氏をはじめとして、先人から享受したものを、形を変えてあとの時代の人たちに受けわたしていく、それが人の営みであることを、やはり多くの先人たちから学ばせていただいたためであります。

令和六（二〇二四）年六月一五日

小田原漂情

残部僅少！

小田原漂情の鉄道讃歌

小説　碓氷峠

碓氷峠鉄道文化むらでのロングセラー！本書収録「鉄の軋み」の姉妹作であり、発行時は新聞各紙で紹介された意欲作。

2000年2月7日発行
96ページ
定価：1,100円
（本体1,000円＋税）
Kindle版もあります

★ロクサン・アプト式ED42・草軽電鉄等の写真が豊富です！

　君子の口から嗚咽(おえつ)がこぼれた。菜穂美も感激の涙があふれるのを抑えることができない。厚彦は、傍らに置いていたつつみをひらいて、写真を取り出した。車中で菜穂美が何気なく目にとめた、中判の額に入った遺影である。

「父のさいごの願いでしたから、写真を持ってきたんですが。まさか父の思った方にお会いできるとは、思いませんでした。よろしかったら、父にあなたのお名前を、教えてやっていただけませんか。」

　厚彦が差し出した遺影の勝彦は、国鉄の機関士の制服と制帽で正面を向いた、凛々(りり)しい姿である。菜穂美は君子の傍(かたわ)らからその姿をのぞき見て、なるほど目の前にいる厚彦とよく似ている感じだと思った。君子はふるえる手で遺影を受け取り、じっとその面(おも)ざしに見入りながら、しばらくして、ふり絞るような声で語りかけた。

「君子です。早川君子でございます。・・・ずっとお慕いしておりましたのよ。」

　あとは言葉にならない。菜穂美は祖母が旧姓を名乗った気持ちがいじらしく感じられ、そっと下を向いた。

お求めは - 言問学舎ホームページ、アマゾンのほか、碓氷峠鉄道文化むらでも、常時販売しています（2024年7月現在)。

著者　小田原漂情
　真の国語を教える言問学舎経営者、歌人・作家
・1963年2月7日生まれ　明治大学文学部文学科卒業
・2003年より言問学舎を経営し、2019年より言問学舎で出版事業を開始する。
・言問学舎における真の国語の教材『国語のアクティブラーニング 音読で育てる読解力』（シリーズ全6巻）、『スーパー読解「舞姫」』ほか、著書多数。

さらば北陸本線　鉄路の韻（ひび）き

著者　小田原漂情
発行　有限会社言問学舎
　　東京都文京区西片二‐二一‐一二
　　電話　〇三（五八〇五）七八一七
印刷・製本　株式会社　嘉
二〇二四年七月六日初版発行
定価　本体一、五〇〇円＋税

ISBN978-4-9913636-0-3

4
前方
Ahead 60m